Christoph Pfister

Historische Denkmäler in der Schweiz

34 helvetische Erinnerungsstätten, kritisch betrachtet

Historisch-philologische Werke 8

Cover-Bild:
Das Wilhelm Tell-Denkmal in Altdorf UR (Detail)
Foto: Autor, 15.7.2014

Titelbild:
Der Schwur der drei Eidgenossen
Entwurf für ein nicht verwirklichtes Schweizer Nationaldenkmal in
Bern von Robert Dorer, 1871
aus: Karl F. Wälchli u.a.: *Bernische Denkmäler.* Ehrenmale in der
Gemeinde Bern und ihre Geschichte; Bern 1987, 13
Vom Autor koloriert.

Herstellung und Verlag:
BoD – Books on Demand, Norderstedt
ISBN: 9783748163527

Allgemeine Betrachtungen zu den historischen Denkmälern der Schweiz 5

Abbildungen mit Kommentaren

Allgemeine Betrachtungen zu den historischen Denkmälern der Schweiz

Denkmäler sind mit Geschichte verbunden. Sie bedingen geschriebene Aufzeichnungen. Und dahinter stehen Kulturen und Gemeinwesen, die bestimmte historische Inhalte für sich beanspruchen.

Die Feststellung führt unmittelbar zur Geschichts- und Chronologiekritik: Welche Geschichte ist wahr, welche falsch? Wie können wir historische Entwicklungen zeitlich ansetzen, ab wann werden sie genau?

Es ist schwierig bis unmöglich, vor der Zeitschwelle, ab welcher die Geschichte glaubwürdig wird, Denkmäler zu bestimmen. – Hier aber werden gleichwohl einige Objekte der dunklen Vorzeit aufgeführt, die sich als Monumente bezeichnen lassen.

Der Autor hat schon in seiner *Matrix der alten Geschichte* Betrachtungen angestellt über alte Bauwerke, die wahrscheinlich mehr als Denkmäler denn als Nutzbauten geschaffen wurden.

Die Analyse der erfundenen alten Schweizer Geschichte in *Die alten Eidgenossen* erforderte ebenfalls die Betrachtung von einigen historischen Denkmälern der Schweiz.

Für die historische Heimatkunde *Die Ursprünge Berns* galt das gleiche: Auch dort war es nötig, auf Denkmäler als fixierte geschichtliche und pseudogeschichtliche Vorstellungen hinzuweisen.

In gewissem Sinne läßt sich sogar die ganze Geschichte durch eine Analyse der Denkmalkultur darstellen.

Es braucht nicht einmal eine vollständige historische Darstellung der Erinnerungsstätten. Eine Auswahl gewährt genug Einblicke.

Also hat der Autor in diesem Buch vierunddreißig historische Denkmäler der Schweiz ausgewählt. Diese stehen für die wichtigsten Etappen der Denkmalkultur und gleichlaufend für die Geschichte der Eidgenossenschaft. In diesem Sinn faßt das kleine Werk auch die Ergebnisse der eigenen Forschungen über die Vergangenheit des Landes zusammen.

Historische Erinnerungsstätten entstanden seit dem Beginn des 19. Jahrhunderts. Sie sind wie gesagt gekoppelt an authentische Aufzeichnungen und Datierungen.

Vor der Französischen Revolution versinkt die Geschichte rasch im Nebel der Vorgeschichte. Und letztere kann aus Erwägungen der Plausibilität nicht unbeschränkt nach rückwärts ausgedehnt werden.

Die Geschichts- und Chronologiekritik macht es jedoch möglich, die Ursprünge der Denkmalkultur zeitlich nach hinten zu verschieben.

Der Autor hält heute zur Auffassung, daß die Menschheit und die menschliche Kultur im heutigen Sinne vor vielleicht vierhundert Jahren begonnen haben.

Die Abfolge der Baukulturen läßt sich erst ab etwas mehr als dreihundert Jahre vor heute ungefähr bestimmen und zeitlich schätzen.

Unter diesem Aspekt ist es erstaunlich, daß sich die ersten historischen Denkmäler der Schweiz weiter zurückverfolgen lassen als mit einer konventionellen Betrachtung. In diesem Buch werden drei Objekte aufgeführt, die man der Vorgeschichte, der dunklen Vorzeit – also der Zeit vor 1800, dem „18. Jahrhundert" - zuordnen kann.

Zuerst ist die Storchensäule in Avenches als ältestes Denkmal auf Schweizer Boden zu sehen; von der „Römerzeit" geschaffen, vom „Mittelalter" unabsichtlich zu einer Erinnerungsstätte gemacht.

Dann sind die Brunnenfiguren der „mittelalterlichen" Städte als unmittelbare Vorformen der historischen Denkmäler des nachfolgenden 19. Jahrhunderts zu sehen.

Und mit dem Campanile von Plurs – Piuro im Bergell haben wir ein erstaunliches älteres Denkmal vor uns, eine Erinnerungsstätte, die ein alpines Pompeji oder Vineta beweisen wollte.

Man darf nicht vergessen, daß die anfängliche nachrömische Kultur in ihren Sprachen und Ortsnamen vollkommen von den Begriffen Neapel, Troja und Vesuv geprägt war. Die vesuvianische Religion ist untergegangen – wahrscheinlich mit der Verschüttung jener Stadt namens Pompeji am Fuße des Vesuvs.

In *Die Ortsnamen der Schweiz* gehe ich auf diese ungemein wichtige und für die weitere Kultur grundlegende Thematik ein.

Welches aber sind die ersten faßbaren Baudenkmäler der heutigen Menschheit in Europa und der Schweiz?

Weil wir Bodenfunde nicht datieren können, kann nur die Interpretation von Bauresten weiterhelfen. Ihr Alter läßt sich schätzen; und mit den Kriterien von früher, später und gleichzeitig entsteht eine ungefähre zeitliche Abfolge.

Als erste Baubefunde im Schweizer Mittelland sind die Pfahlbauten und die Grabhügel anzusehen.

Die Pfähle an den Seeufern werden hier ausgelassen. Doch sei immerhin darauf hingewiesen, wie sehr die so genannten Pfahlbauten die historische Phantasie seit der Mitte des 19. Jahrhunderts angeregt haben.

Dagegen führen die Grabhügel oder Hügelgräber schon unmittelbar zum Thema.

Die künstlich aufgeschütteten kleinen und großen Grabhügel, oft zu Gruppen vereinigt, finden sich überall im Mittelland, meistens auf sanften Erhebungen, vorzugsweise in den tieferen Lagen gegen den Jurasüdfuß hin.

Interessant ist, daß sich die Lage und die Verbreitungsgebiete der Schweizer Grabhügel mit denjenigen der „römischen" Gutshöfe, der Villae rusticae decken. – Sind die Grabhügel etwa gleichzeitig anzusetzen?

Hügelgräber oder Grabhügel stellen namenlose Monumente für offenbar mächtige, reiche und einflußreiche Personen dar. Deshalb werden diese Stätten auch als Fürstengräber bezeichnet. Die reichen Grabbeigaben, welche in diesen fast ausnahmslos längst geplünderten Kunsthügeln zu finden waren, scheinen die Bezeichnung zu bestätigen.

Grabhügel sind Monumente des Todes. Diese Eigenschaft haben die nachmaligen Denkmäler bewahrt.

Die sogenannte „Römerzeit" hat überreiche bauliche Reste hinterlassen. Eigentliche Denkmäler im heutigen Sinne sind aber wenige auszumachen.

Es gab zum Beispiel vor der nördlichen Stadtmauer von Aventicum ein Gräberfeld mit zwei etwa 25 Meter hohen turmartigen Grabdenkmälern. – Auch in der Zihlebene bei Cornaux im Kanton Neuenburg wurde ein solches Monument nachgewiesen.

Aber man scheut sich, hier von historischen Denkmälern zu sprechen.

Solche Beispiele scheinen nur im Ausland eindeutig. Zu erwähnen sind etwa die Trajan- und die Marc Aurel-Bildsäule in Rom, dann das Tropaeum Trajani bei Adamklissi in der rumänischen Dobrudscha, ebenfalls das Tropaeum Alpium in den französischen Seealpen oberhalb von Monaco.

Das berühmte Mausoleum von Halikarnassus (Bodrum) in Südwestanatolien gehörte sicher auch in diesen Zusammenhang.

Das Ende der „Römerzeit" bedeutete einen Kulturbruch. Man mußte sich auf wichtige Bauaufgaben wie Wehrbauten und Kirchen beschränken. Für eigentliche Denkmäler war kein Platz.

Wir erkennen ein zweites wichtiges Charakteristikum der Denkmäler neben ihrem Totenkult: Diese Bauwerke haben keine Funktion, es sind Bauten, welche dem nachmaligen Motto *L'art pour l'art* folgen.

Die Vorläufer der heutigen Denkmäler entstanden in der „mittelalterlichen" Stadt mit den Brunnenfiguren, wie sie etwa in den Altstädten von Bern und Freiburg im Üechtland noch heute stark vertreten sind.

Die Brunnenstatuen haben einen klar bestimmten Zweck: Sie sollen einen Brunnen, einen Brunnensockel oder eine Brunnensäule zieren.

Und die Figuren sind fest eingebunden in einen mythologischen oder allegorischen Zusammenhang. Individualität ist nicht auszumachen.

Ob die Tapferkeit oder die Tugend, ob der Kindlifresser oder der Läufer, ob biblische Personen wie Simson, Maria Magdalena, Johannes der Evangelist oder Moses; die Bildwerke sind typisiert und folgen der Matrix, welche diesen Erzählungen und Legenden zugrunde liegen.

Die gleiche Feststellung trifft auf pseudohistorische Figuren zu. Der Zähringerbrunnen in Bern etwa folgt nur mit dem Namen und gewissen Attributen der Zähringer-Legende.

Bei den Brunnenfiguren tritt auch schon der Meisterschütze mit der Armbrust auf. In Bern heißt er Ryffli, ursprünglich Vifli oder Nifli. - Da die Berner Befreiungsgeschichte die Vorlage lieferte für diejenige der Waldstätte, so wurde auch der Schütze exportiert und heißt dort Wilhelm Tell.

An der Gestalt des legendären Meisterschützen mit der Armbrust läßt sich exemplarisch der Weg der neuzeitlichen historischen Anschauungen aufzeigen: Zuerst ist Tell ein bürgerlicher Schütze mit Barett, dann ein Freiheitsheld mit der Feder auf dem Hut, danach ein Bergler mit Hirtenhemd und Kapuze und schließlich ein dräuender Armbrustschütze und Jäger, ähnlich seinen mythologischen und biblischen Parallelgestalten Orion und Nimrod.

Die ersten richtigen Denkmäler entstanden in den Epochen, die man mit Renaissance, Barock und Klassizismus umschreibt und die aus Gründen der Evidenz in das letzte Drittel des 18. Jahrhunderts zu setzen sind.

Die Reiterstandbilder des Colleone in Venedig, des Gattamelata in Padua und dasjenige von Mark Aurel in Rom hatten Vorbildcharakter.

Prägend für die späteren Denkmäler war auch ein Gemenge aus *Memento mori* und idealisierter Hirtenromantik, wie sie etwa im Gemälde von Poussin zum Ausdruck kommt: *Et in Arcadia ego* lesen die Schäfer an einem Gedenkstein in einer bukolischen Landschaft. Gemeint ist damit: Auch in Arkadien gibt es den Tod. Ihn sollte man im Gedächtnis behalten.

Als erstes und einflußreichstes Denkmal im engeren Sinne ist de Erinnerungsstätte für den Genfer Jean-Jacques Rousseau anzusehen. Diese wurde noch vor der Revolution auf einem Inselchen im Teich des Schlosses von Ermenonville bei Paris errichtet.

Die Verbindung von Grabmal, Gedenkstätte in der gepflegten Natur eines vorzugsweise nach englischem Muster gestalteten Parks, wirkte bis weit ins 19. Jahrhundert.

In der Schweiz kam zuerst Wilhelm Tell – in der Aufklärung zum beispielhaften Freiheitsheld geworden – zu Denkmal-Ehren. Wie Rousseau erhielt er eine Gedenkstätte, nämlich einen Sockel mit einem kleinen Obelisken: Der französische Philosoph und Utopist Abbé Raynal ließ diese aus eigenen Mitteln auf dem Inselchen Altstatt südlich des Meggenhorns im Vierwaldstätter See errichten.

Das Tell-Denkmal sollte in Uri aufgestellt werden, doch die dortige Regierung lehnte ab. Und die Gedächtnisstätte – wenn es sie überhaupt gegeben hat – war schon um 1800 verschwunden.

Eine Tell-Statue, die noch vor der Revolution auf dem Lindenhof in Zürich errichtet wurde, verschwand ebenfalls bald. Heute wird auf jenem Hügel noch der Sockel des kleinen Monuments gezeigt.

Private oder spontane öffentliche Initiativen führten zur Errichtung der ersten richtigen Denkmäler, die hier behandelt werden: dem Löwendenkmal in Luzern und dem Obelisken der Murtenschlacht.

Besonders das Löwendenkmal von Pfyffer von Altishofen, 1819 errichtet, steht ganz in der Tradition des ausgehenden vergangenen

Jahrhunderts. Es verbindet geschmacksvoll gestaltete Gartenarchitektur mit einer in eine Felswand gehauenen Tierfigur zu einer Gedächtnisstätte, die elegisch zugleich wirkt und romantisch.

Unbedingt zu erwähnen ist beim Löwendenkmal in Luzern, daß es sich auf ein zeitgeschichtliches Ereignis bezieht. Die authentische Geschichte ist nämlich in jener Zeit entstanden, als man begann, auf aktuelle, statt wie bisher auf legendäre und mythologische Dinge einzugehen.

Auch der Obelisk von Merlach – Meyriez bei Murten vermittelt trotz seiner Monumentalität durch die Einrahmung mit Bäumen und die Nähe zu einem See eine ähnliche Grundstimmung wie das Löwendenkmal in Luzern.

Die nächste Etappe in der Entwicklung und Verbreitung einer Denkmalkultur im heutigen Sinne kam von zwei Anstößen her.

Zuerst entstand zur Zeit der Französischen Revolution das heute noch gültige, literarisch gestaltete Geschichtsbild. – Die frühere Historie findet sich in Chroniken und in bestimmten Geschichten wie dem trojanischen Krieg und den biblischen Erzählungen.

Erst mit der literarischen Geschichtsschreibung wurde es möglich, die im Grunde unzusammenhängende und widersprüchliche ältere Vergangenheit zu einem geglätteten und glaubwürdig klingenden Ganzen zu formen.

Doch noch heute glaubt man an diese Geschichtsdichtung. Allerdings versuchten die Historiker seit dem zweiten Drittel des 19. Jahrhunderts diese Erzählungen durch Dokumente abzusichern. Dabei übersehen die Forscher, daß jene hoch geschätzten Quellen, die Urkunden, Register, Verzeichnisse, genau so erdichtet waren wie die Chroniken – und nach diesen geschaffen wurden.

Der erste und noch heute bedeutendste Geschichtsliterat der Schweiz war Johannes von Müller aus Schaffhausen. Vielleicht stimmt dessen Todesjahr 1809; doch ansonsten sind große Teile seiner Biographie als erdichtet anzusehen. Schon mit 19 Jahren sollen die Schweizer Gelehrten auf das Wunderkind namens Müller aufmerksam geworden sein. Und schon „1780" soll er seine *Geschichten schweizerischer Eidgenossenschaft* veröffentlicht haben. Diese behandeln nur die „mittelalterliche" Zeit der alten Eidgenossenschaft. Doch diese war bekanntlich die große Heldenzeit, mit der

Bundesgründung und mit zwei Jahrhunderten voll von großen Schlachten und Heldentaten.

Ohne Johannes von Müller wäre die erfundene alte Schweizergeschichte wohl nie so aufgebauscht worden.

Man achte auf eine Kleinigkeit im Titel von Müllers Werk über die alten Eidgenossen: Er spricht von Geschichten, nicht von Geschichte. Also war sich der Schriftsteller bewußt, daß er Märchen, Sagen und Legenden, nicht wahre Geschichte literarisch formte.

Ebenso wichtig für die Entwicklung der historischen Denkmalkultur waren gewisse geistige und literarische Strömungen ab der spätnapoleonischen Zeit.

Zuerst ist auf den prägenden Einfluß der historischen Romane von Sir Walter Scott hinzuweisen.

Noch bevor Scott zu wirken begann, begründete der Berner Professor Johann Rudolf Wyss der Jüngere – dessen Vater das bekannte Jugendbuch *Der Schweizer Robinson* schrieb – 1811 mit anderen Schriftstellern den Almanach *Alpenrosen*. Dieser bestand mit Unterbrüchen bis 1854 und wurde prägend für das Geschichtsbewußtsein der ersten Hälfte jenes Jahrhunderts. In späteren Jahren schrieb auch Jeremias Gotthelf für die *Alpenrosen*. Und jener berühmte Berner Schriftsteller schrieb mehrere pseudohistorische Erzählungen.

Wyss selbst schrieb historische Novellen, etwa *Der Abend zu Geristein* (1825). - Der Autor hat letztere Erzählung neu herausgegeben.

Der berühmte Walter Scott schrieb wenige Jahre später einen Roman, der bewußt an die Erzählung von Wyss anklang: *Anne of Geierstein* (1829).

Wichtig für die Entstehung des Berner Denkmalkults war eine andere Unternehmung von Johann Rudolf Wyss: 1816 gab er erstmals die sogenannte Justinger-Chronik der Stadt Bern im Druck heraus. Dieses pseudohistorische Zeitbuch entstand – wie der Autor dargelegt hat - etwa in den 1770er Jahren und hat die beiden Stettler, Michael den Vater und Hieronymus den Sohn als Autoren.

Die alte Berner Regierung vor 1798 verhinderte jeden Druck der Justinger-Chronik. Stattdessen wurden zahllose Manuskripte des Werkes hergestellt.

Mit der Herausgabe der Justinger-Chronik erst kamen die angeblichen Heldentaten der glorreichen Stadt Bern ins allgemeine Bewußtsein. Besonders die Zähringer-Sage und die legendäre Schlacht bei Laupen wurden populär.

Kein Wunder, daß um 1850 gleich drei Denkmäler entstanden, welche sich um diese Legenden ranken: diejenigen für Berchtold von Zähringen und Rudolf von Erlach in Bern und das Bramberg-Denkmal für die Schlacht von Laupen.

Die Regeneration, der aufkommende Liberalismus, dann die Gründung des Bundesstaates 1847 zündeten den eigentlichen Schweizer Denkmalkult auch außerhalb von Bern.

Als eine der ersten Berühmtheiten wurde der erwähnte Geschichtsliterat Johannes von Müller 1852 in seiner Heimatstadt Schaffhausen mit einer Erinnerungsstätte geehrt.

Neben den Personen-Denkmälern kamen die Schlacht-Denkmäler in Mode.

Schon das 18. Jahrhundert bereitete den Kult der fingierten alteidgenössischen Kämpfe vor. So entstanden an etlichen Schlacht-Orten Kapellen mit Beinhäusern, etwa in Murten, Dornach und am Morgarten.

Bereits die erste Hälfte des 19. Jahrhunderts errichtete einige Erinnerungsstätten für Schlachten. Der Obelisk bei Murten verdient als erstes noch bestehendes Denkmal hervorgehoben zu werden. – Und in Basel stand seit den 1820er Jahren eine Fiale im gotischen Stil als Vorgänger des nachmaligen St. Jakob-Monuments.

Nach 1850 also kamen die Schlachten-Erinnerungsstätten richtig auf. Das Bramberg-Denkmal für die angebliche Schlacht von Laupen machte den Anfang. Mit dem bereits erwähnten St. Jakobs-Monument ging es weiter.

Die Erinnerungs-Säule für das Gefecht am Grauholz von 1886 gehört stilistisch jedoch zum Anfang des besagten Jahrhunderts.

Bereits 1866 wurde bei Neuenegg ein Obelisk, ebenfalls für den vergeblichen Abwehrkampf Berns 1798 aufgerichtet.

Merkwürdigerweise hatten es Personen häufig leichter, mit Denkmälern geehrt zu werden als Schlachten. Ein Monument für das fiktive Morgarten-Ereignis entstand erst 1908 – und unter politischen Mißklängen.

Selbst nach dem Ersten Weltkrieg erinnerte man sich an Schlachten der alten Eidgenossen. So entstand 1937 das Denkmal von Giornico im Tessin und 1949 jenes von Dornach im Kanton Solothurn.

Wie schon gesagt, wurden ab 1850 besonders große Gestalten der Vergangenheit geehrt. Die Denkmäler für den Helden Arnold von Winkelried machte 1865 den Anfang; der Reformator Farel in Neuenburg folgte 1876.

An Wilhelm Tell wurde bereits 1856 mit einem Standbild in Lugano erinnert. Die Wahl dieses recht weit von der Innerschweiz entfernten Standorts hatte mit dem aufkommenden Fremdenverkehr zu tun: Von Denkmälern erhoffte man sich Einnahmen für die Hotellerie und das Gewerbe.

Es entstanden auch viele Denkmäler für reale Gestalten des 19. Jahrhunderts: Heinrich Zschokke in Aarau etwa oder Henri Dufour in Genf.

Aber die fiktiven Helden der Vorzeit hatten es leichter, eine Bildsäule zu bekommen, manchmal sogar gruppenweise, wie ein Beispiel aus Bern beweist: 1869 wurde auf dem nachmaligen Platz des Bundeshauses in Bern das sogenannte Gesellschaftshaus Museum eingeweiht. Dieses steht noch heute und beherbergt seit 1906 die Bernische Kantonalbank.

Im oberen Teil der Monumentalfassade, auf einem vorstehenden, von Halbsäulen getragenen Fries, wurden die zweieinhalb Meter hohen Skulpturen von acht berühmten Bernern aufgestellt: Albrecht von Haller, Niklaus Manuel, Hans von Hallwyl, Adrian von Bubenberg, Hans Franz Nägeli, Samuel Frisching, Thüring Frickart, Niklaus Friedrich von Steiger.

Interessant daran ist, daß mit Ausnahme des letzten Schultheißen des Alten Bern 1798, Niklaus Friedrich von Steiger, alles Figuren der erfundenen Geschichte vertreten waren – einschließlich dem Berner Wissenschafts-Heroen Albrecht von Haller.

Geschaffen hat die Skulpturen der acht berühmten Berner der Aargauer Bildhauer Robert Dorer. Dieser entwarf 1871 auch das Projekt für ein nicht ausgeführtes Schweizer Nationaldenkmal (Abbildung auf der Titelseite).

Das nicht ausgeführte Nationaldenkmal mit den drei Eidgenossen, die ihre rechten Hände zum Bundesschwur erheben, hätte nach der Skizze möglicherweise einen gewissen Reiz gehabt.

Das 19. Jahrhundert wurde ab dem letzten Drittel geistig schwer und düster. Die Industrialisierung machte ungeahnte Fortschritte, Eisen und Stahl bestimmten die Gesellschaft.

Vor allem veränderte sich das politische Klima.

Im Zuge der deutschen Einigung, geschaffen unter dem Preußen von Bismarck und vollzogen in drei Kriegen, verbreitete sich ein Machtstaat-Denken in Europa. Die großen Länder und auch die Vereinigten Staaten von Amerika gebärdeten sich immer offener imperialistisch und militaristisch. Europa beherrschte mit seinen Kolonien wirtschaftlich, militärisch und mit seinen Bevölkerungszahlen die ganze Welt und spielte diesen Vorteil hemmungslos aus.

Als kleines und neutrales Land blieben der Schweiz die großen Denkmal-Greuel des Deutschen Kaiserreichs nach 1871 erspart. Ein Hermann der Cherusker bei Detmold, das Niederwald-Denkmal am Rhein und die Reiterstatue von Kaiser Wilhelm I. am Deutschen Eck bei Koblenz wären hier kaum möglich gewesen.

Doch die schweizerischen Erinnerungsstätten nach etwa 1880 folgten wie anderswo den Tendenzen des Militarismus und der Kriegsverherrlichung.

Die düstere Statue des Kriegerfürsten Huldrych Zwingli in Zürich 1885 machte den Anfang.

Das Denkmal für Adrian von Bubenberg in Bern 1897 drückte den kriegerischen Geist durch die gepanzerte Gestalt des Helden, aber ebenso durch die beiden an seinem Sockel angebrachten todesverachtenden Sprüche aus.

Ein Bundesbeschluß von 1887 gab der Errichtung von historischen Denkmälern in der Schweiz einen zusätzlichen Schub: Nun wurde es möglich, Erinnerungsstätten von nationaler Bedeutung zu subventionieren. - Das Tell-Monument in Altdorf profitierte als erstes von dieser neuen Maßnahme.

Mit dem Suworow-Denkmal in der Schöllenen-Schlucht bei Andermatt 1899 wurde erstmals ein bedeutendes Monument geschaffen, welches von einem fremden Staat gewünscht wurde. Dabei war man sich von Anfang an nicht ganz im Klaren, welche heiklen – auch diplomatischen – Auswirkungen solche Zugeständnisse für die Eidgenossenschaft in Zukunft haben könnten.

Die bedeutenden Denkmäler des beginnenden 20. Jahrhunderts zeichneten sich durch eine für schweizerische Verhältnisse ungezügelte und düstere Monumentalität aus. Die beiden großen Beispiele dafür sind das Welt-Telegraphen-Denkmal in Bern und noch extremer das Reformations-Denkmal in Genf.

Die Erinnerungsstätte für Calvin und andere protestantische Protagonisten wurde zufälligerweise während des Ersten Weltkriegs eingeweiht und ist im Grunde als Helden-Memorial zu betrachten. Es könnte ebensogut in Ypern, an der Somme oder bei Verdun stehen.

Das Fazit von einem Jahrhundert Denkmal-Kult fällt gemischt aus. Die stille Beschaulichkeit der ersten Erinnerungsstätten nach 1815 – dem Obelisken von Murten und dem Löwenmonument in Luzern – wurde um 1850 von patriotischen Ermunterungen abgelöst und wandelte sich ab den 1880er Jahren zugunsten einer unreflektierten Glorifizierung des Krieges und des Todes. In diesem Sinne nahm die schon von Zeitgenossen kritisierte Denkmal-Pest die Verheerungen des 20. Jahrhunderts vorweg.

Die Schweiz hatte zwischen 1914 und 1918 Glück: Sie blieb wie eine Insel der Seligen vom großen europäischen Krieg, später Erster Weltkrieg genannt, verschont.

Allerdings war die eidgenössische Politik in den Kriegsjahren nicht besonders geschickt. Vor allem fehlte es an einer wirkungsvollen Strategie zur Abwehr der finanziellen und wirtschaftlichen Notlage.

Kurz nach dem Waffenstillstand 1918 kam es deshalb zu einem Generalstreik, den die Landesregierung innerhalb weniger Tage unterdrückte.

Zur gleichen Zeit, im Herbst 1918, wütete die Spanische Grippe. Sie traf Soldaten und Zivilisten in gleichem Masse.

Der Aktivdienst während des Ersten Weltkriegs bedeutete eine Stärkung der Tendenzen zur Heldenverehrung und des Militarismus. Hunderttausende von Soldaten mußten in dieser Zeit teilweise über ein Jahr im Militär dienen. Und ihr Oberbefehlshaber, General Ulrich Wille, war ein Mann, der offen preußischen Vorbildern nacheiferte.

Die deutschfreundliche militärische und politische Führung ließ eine Mißstimmung zwischen der Deutsch- und der Westschweiz aufkommen. Letzteres Sprachgebiet hegte mehr Sympathien für die Alliierten, denn für Deutschland oder Österreich.

Die Militärführung der Schweiz suchte auch ideologisch auf Krieg einzutrimmen. Von 1915 an erschien - herausgegeben vom Ober- kriegskommissariat - eine *Schweizer Kriegsgeschichte*, welche bis 1935 auf stattliche vier Bände kam. Nun erhielten die fiktiven Schlachten der alten Eidgenossen, von Morgarten bis Marignano, den offiziellen Gütesiegel, mit exakten Beschreibungen und Plänen.

Aber auch der Generalstab kann nicht die Einsicht verdrängen, daß die Schweizer Kriegsgeschichte 1798 begann und bereits 1847 mit dem kurzen Sonderbundskrieg endete.

Die 1918 demobilisierten Wehrmänner, dem eintönigen Militärdienst entronnen, sahen offenbar mehrheitlich nur die positiven Seiten der Grenzbesetzung, nämlich die Kameradschaft und die Kenntnis von anderen Regionen des Landes.

Jedenfalls erfaßte die Schweiz eine neue Denkmalbegeisterung, die in wenigen Jahren im ganzen Land zahllose Erinnerungsstätten für den Aktivdienst von 1914 bis 1918 schuf.

Bereits 1921 entstand das Kavallerie-Denkmal auf der Lueg im Em- mental. Im Jahr darauf wurde das Forch-Denkmal oberhalb von Küsnacht bei Zürich eingeweiht; 1924 folgte die berühmte Schildwa- che (*La Sentinelle*) bei Les Rangiers im damaligen Berner Jura.

Ab 1925 verebbte in der Schweiz der neu erwachte Denkmal-Kult ein wenig. Die wirtschaftliche und soziale Normalisierung überdeckte die Erinnerung an die Kriegsjahre. Zudem gewannen pazifistische Kräfte an Einfluß: „Nie wieder Krieg!"

Die goldener Zwanziger Jahre wichen nach 1930 erneut einer Düs- ternis.

Nachdem bereits 1917 in Rußland der Kommunismus und 1922 in Italien der Faschismus an die Macht gekommen waren, führte die Weltwirtschaftskrise ab 1929 zu einer Verbreitung des politischen Extremismus und der Kriege. Man darf nicht vergessen, daß der neue Weltkrieg schon 1931 durch den japanischen Angriff auf China begann. Und der Spanische Bürgerkrieg von 1936 bis 1939 war eine unmittelbare Ouvertüre zur erneuten europäischen Tragödie.

Auch die Eidgenossenschaft litt unter der wirtschaftlichen Depressi- on, konnte sie aber im Zaume halten.

Für die Schweiz stellte die Machtübernahme durch den deutschen Nationalsozialismus 1933 eine mit jedem Jahr ernstere und zuletzt existentielle Bedrohung dar.

Zur Abwehr der totalitären Tendenzen entwickelte man die Idee der sogenannten geistigen Landesverteidigung.

Wiederum war es ein historisches Werk, welche die Bemühungen unterlegte.

Ab 1933 erschien in zuletzt 13 Bänden das *Quellenwerk zur Entstehung der Schweizerischen Eidgenossenschaft*. In mehreren Abteilungen wurden alte Urkunden, Urbare, Rödel, aber auch Chroniken, Jahrzeitbücher und Dichtungen herausgegeben. Leitmotiv war, alle Dokumente zu versammeln, welche den Ursprung des Schwurbundes zu belegen schienen.

Aus der Sicht der Geschichts- und Chronologiekritik war dies ein verqueres Unternehmen: Wie will man etwas beweisen, wenn die Dokumente erst spät einsetzen, falsch datiert sind und nur erfundene Geschichte präsentieren?

Durch das monumentale Quellenwerk sollte die Entstehung des Schwyzer Schwurbunds rund um den Vierwaldstättersee belegt werden.

Doch als moralische Aufrüstung funktionierte die geistige Landesverteidigung. Diese kulminierte 1939 in der berühmten *Landi*, der schweizerischen Landesausstellung in Zürich. Sie erlebte auch den Kriegsausbruch anfangs September.

Die historischen Denkmäler der Schweiz in der zweiten Hälfte der 1930er Jahre entsprachen der Tendenz der Rückbesinnung auf die angeblichen heldenhaften Ursprünge der Eidgenossen.

Beispielhaft dafür steht etwa das 1937 eingeweihte Denkmal in Giornico im Tessin. Die bildhafte Absicht des Erinnerungsmals war nicht nur das Gedenken an eine fiktive Schlacht, sondern die reale Gefahr der italienischen Irredenta. Letztere versuchte, die italienischsprachigen Gebiete der Südschweiz für den imperialistischen faschistischen Staat zu beanspruchen.

Das Denkmal für die Wehrbereitschaft stand als monumentale und suggestive Figur im Militärpavillon der *Landi* 1939 und kam zwei Jahre später in Schwyz zu stehen.

Das bereits 1936 eingeweihte Bundesbriefarchiv – heute Bundesbriefmuseum - ist selbst als eine Art Nationalmonument anzusehen.
In ihm wurden die Beitrittsurkunden der alteidgenössischen Stände
verwahrt, besonders der Bundesbrief von „1291".

Daß Urkunden samt und sonders gefälschte und damit wertlose historische Dokumente darstellen, daß sie sogar *nach* den Chroniken
verfaßt wurden, diese schmerzhafte Einsicht mußte in jener Zeit verdrängt werden und wird es teilweise heute noch.

Die Bundesfeier „zum 650. Gründungsjahr der Eidgenossenschaft"
im Jahre 1941 - zentriert um die Monumentalstatue des Wehrmanns
in Schwyz und das erwähnte Bundesbriefarchiv - bedeutete den Höhepunkt des neuen Denkmalkults.

Die Schweiz hatte im neuen Weltkrieg von 1939 bis 1945 nochmals
ein unglaubliches Glück, nicht in den Konflikt hereingezogen zu werden.

Anders als 1914 – 1918 war das Land auf die Bedrohung und die
Isolierung von außen politisch, wirtschaftlich und finanziell besser
vorbereitet. Es gab nicht die Not und politische Zwietracht wie vorher. – Auch hielten deutsch und welsch zusammen.

Die Rolle der Schweiz im Zweiten Weltkrieg wurde nach 1945 immer
kritischer betrachtet. Und seit Ende der 1990er Jahre haben ausländische Kräfte, unterstützt durch linksgerichtete Ideologen und Historiker die Politik des Landes in jener schweren Zeit sogar verun-
glimpft.

Es ist hier nicht der Platz für historische Wertungen. Doch ein Fak-
tum ist unbedingt festzuhalten: Nicht primär die Armee und die militärische Réduit-Strategie haben die Schweiz vor einem Angriff durch
Nazi-Deutschland gerettet, sondern eine umsichtige Diplomatie und
Außenpolitik.

Nach 1945 begann der Stern der klassischen Denkmal-Kultur zu sinken. Die Heroisierung des Krieges war angesichts der eben vergangenen unsagbaren Greuel unmöglich geworden. Sachlichkeit und
Bescheidenheit schienen auch in Denkmälern eher geraten als strot-
zende Monumentalität.

Es gab auch erste Ansätze zu einem veränderten historischen Bewußtsein.

Beispielsweise trägt eine 1956 von dem Publizisten Alfred Guggen-
bühl veröffentlichte Betrachtung über die Schweizer Kultur der Gegenwart den Titel *Kein einfach Volk der Hirten.*

Die zitierte Aussage ist zweifellos auch durch das Bild des Altdorfer
Tells beeinflußt und sucht dieses Klischee zu widerlegen.

Es gab also weniger und schlichtere Erinnerungsstätten für die Soldaten des Aktivdienstes 1939 – 1945.

Das 1964 errichtete Wehrmänner-Denkmal in Bern bedeutete in gewissem Sinne einen Schlußpunkt: Man wollte eine Erinnerungsstätte
schaffen, war sich aber über die Gestaltung und die Symbolik nicht
im Klaren.

Doch noch einmal wurde an eine Schlacht gedacht: 1949 weihte der
Kanton Solothurn das Denkmal von Dornach ein.

Das 1967 – sieben Jahre nach dem Tode jenes Schweizer Oberbe-
fehlshabers im Zweiten Weltkrieg – eingeweihte Reiterstandbild für
General Guisan bedeutete das Ende der klassischen historischen
Denkmäler.

Nicht daß man aufgehört hätte, Erinnerungsstätten zu errichten. Nur
haben sich die Ausdrucksweisen verlagert. Nicht mehr die mythische
Vergangenheit, sondern reale Personen und Ereignisse wurden mit
Denkmälern geehrt.

Dabei traten auch Personifikationen und Allegorien als Denkmal-
Vorwürfe wieder in den Vordergrund.

Typisch war etwa die 1947 vor dem schweizerischen Bauernsekreta-
riat in Brugg errichtete Bronzefigur *Der Bauer.* – Und in den 1960er
Jahren errichtete man in Zürich eine bronzene Figurengruppe, gewidmet der Arbeit.

Gewisse Heldendenkmäler wurden verstärkt kritisiert und ironisiert.
Doch nur eines fiel einer veränderten politischen Lage zum Opfer:

In den 1980er Jahren wurde das monumentale Standbild des Wach-
soldaten der Grenzbesetzung 1914 – 1918 in mehreren Etappen
zerstört. Die Erinnerungsstätte im neugeschaffenen, von Bern abge-
trennten Kanton Jura war zum Symbol für angebliche Fremdherr-
schaft und militärische Unterdrückung geworden.

Als erste schweizerische Stadt hat Bern um 1850 eine Reihe histori-
scher Denkmäler aufgestellt. Aber es war auch der erste Ort, welche
solche verschob: Das Reiterstandbild von Rudolf von Erlach mußte

von seinem ursprünglichen Standort weichen, ebenso die Figur des Berchtold von Zähringen. – Möglicherweise wird dem monumentalen Adrian von Bubenberg in den nächsten Jahren ebenfalls eine abermalige Versetzung drohen.

Die Beseitigung von unpassend gewordenen historischen Denkmälern scheint in der Schweiz jedoch wie anderswo große Mühe zu bereiten und ein Tabu-Thema zu sein.

Mehr als Kuriosum sei auf eine Denkmal-Verschiebung in Zürich 1999 hingewiesen: Unter dem Titel „Transit 99" wurden damals die Standbilder von Waldmann, Zwingli, Pestalozzi und Alfred Escher von ihren Sockeln geholt und im westlichen Teil der Stadt herumgeführt. Interessant an dem *eher wirren Unternehmen* (G. Kreis) ist, daß diese Aktion von mehreren offiziellen Institutionen wie der Pro Helvetia und von der Stadtregierung von Zürich mitgetragen wurde.

Der historischen Denkmäler wurden also nach 1945 immer weniger. Dafür hat die Schweiz seit 1940 bis etwa 1990 eine neue Art von militärischen Mahnmalen geschaffen.

Schon während des Ersten Weltkrieges gehörte der Festungsbau in der Schweiz zu den hauptsächlichen Abwehrmaßnahmen.

Ab 1940 wurde das Land von einer neuen Welle von Befestigungen erfaßt und überzogen. An allen strategischen Punkten entstanden Panzersperren, Bunker und Unterstände.

Die Tarnung etwa der Bunker war einfallsreich bis skurill. Es gab am Rhein etwa solche, die als Bootshäuser getarnt waren. - Auf den Bergen entstanden falsche Heuschober und Ferienhäuschen. – In der Umgebung von Zürich ahmten militärische Sperrmauern mit Zinnen die alte Burgenarchitektur nach.

Wie weit diese Festungen einen Feind aufgehalten hätten, läßt sich nicht sagen. Aber schon 1944 stellten die Panzersperren – im Volksmund Drachenzähne oder nach der Schokoladenmarke *Toblerone* genannt, für Pioniere kein ernstzunehmendes Hindernis mehr dar.

Nach 1945 ging der Bau von militärischen Befestigungen und Unterständen unentwegt weiter. Als Teil der bis in die späten 1970er Jahre unwidersprochenen heiligen Kuh Schweizer Armee nahm der Bau von militärischen Unterständen unglaubliche Ausmaße an. Der Boden und besonders die Alpen wurden von Stollen und Höhlen durchsetzt.

Der Karikaturist Martial Leiter hat um 1980 die Kuppel des Bundeshauses in Bern in einem Meer von Panzersperren gesehen (Abbildung 35).

Seit den 1990er Jahren wurden diese Unterstände und Bunker militärisch wertlos. Aber statt sie zu zerstören, gibt es Bestrebungen, sie als „Kulturdenkmäler" zu erhalten, etwa die Sperrstellung Löwenberg bei Murten (Abbildung 35).

Es waren wohlgemerkt nicht die Denkmäler selbst, welche den wahnhaften Festungsbau hervorgerufen haben, sondern die seit dem Ende des 19. Jahrhundert vorherrschende Verherrlichung des Heldentums und des Krieges.

Mit der Festungsstarre verbunden war in der Schweiz der Alpenwahn. Die Verschiebung der ursprünglich bernischen, damit mittelländischen Befreiungsgeschichte in die Berge rund um den Vierwaldstättersee schuf die pseudohistorische Grundlage. Ende des 19. Jahrhunderts schienen die Alpen endgültig zum Ursprungsgebiet der Eidgenossenschaft geworden zu sein.

Also liest man am Altdorfer Tell-Denkmal unterhalb des Figurenpaars den Spruch *So lang die Berge stehn auf ihrem Grunde.*

Die Anrufung der Berge steht für eine fehlerhafte Selbsteinschätzung der Schweiz; sie gründet auf der Meinung, die alte Schwurgenossenschaft sei ein Alpenbund gewesen, mit dem Gotthardpaß als Zentrum.

Die Geschichtsanalyse aber beweist: Das alte Helvetien war das Mittelland, zwischen Genfersee und Bodensee und zwischen dem Jura und den Alpen. Der Alpenkamm und der Gotthard waren ursprünglich nicht ein Kern, sondern eine Grenze.

Die Denkmäler folgten dem Mythos. Seit dem letzten Viertel des 19. Jahrhunderts entstanden etliche Erinnerungsorte in den Alpen. - Im Zweiten Weltkrieg erfuhr der Alpenwahn mit der strategischen Idee des Réduits, also des Rückzugs des Gros der Armee in die Alpen, ihren manifesten Höhepunkt.

Aber die Schweiz hat nicht nur aus den Alpen einen Mythos gemacht. Im 20. Jahrhundert grassierte zum Beispiel auch die Ideologie vom Schweizerland als Bauernland.

Als Anmerkung sei vermerkt, daß es bei der allgemeinen Denkmal-Wut der letzten zwei Jahrhunderte doch möglich war, gewisse Orte von Monumenten frei zu halten. – So wollte man schon kurz vor 1789 auf dem Rütli am Urnersee ein Tell-Denkmal errichten. Auch später gab es Projekte, jene Wiese mit einer Erinnerungsstätte zu verunzieren.

Die Auswahl der hier behandelten Denkmäler wurde von zwei Kriterien bestimmt.

Zum ersten sollten wichtige und bekannte historischen Erinnerungsstätten behandelt werden.

Dann wurden solche Objekte ausgewählt, zu denen der Autor eine subjektive Beziehung hat und die Anlaß geben, einen bestimmten historischen Hintergrund zu beleuchten.

Unter diesem Gesichtspunkt verzichtete der Autor darauf, etwa das Reiter-Denkmal für General Dufour in Genf zu behandeln, jenes für den Reformator Vadian in Sankt Gallen oder das Calven-Denkmal für Benedikt Fontana in Chur.

Das monumentale Denkmal für den Unternehmer Alfred Escher vor dem Eingang zum Hauptbahnhof Zürich wäre sicher auch eine Betrachtung wert gewesen.

Ursprünglich sollte die vorliegende Betrachtung dreißig Denkmäler umfassen.

Doch kam der Wunsch auf, einige kuriose Erinnerungsstätten zu beschreiben.

Da es davon so viele gibt, beschränkte sich der Autor auf vier Objekte, alle in Bern und in der Region: den Kennedy-Gedenkstein auf dem Belpberg, das Wehrmänner-Denkmal in Bern, die Holzapfel-Kapelle in Muri bei Bern und das Denkmal für einen Oberförster im Sädelbachwald oberhalb von Bolligen.

Die vorliegende Denkmal-Betrachtung gewichtet Bern stark. Grund dafür ist, daß die Bundeshauptstadt seit 1847 mit historischen und später auch mit internationalen Erinnerungsstätten bedacht worden ist. – Aber sie widerspiegelt auch des Autors besonderes Interesse für Berner Geschichte und Heimatkunde.

Die Literatur über Schweizer Denkmäler ist nicht umfangreich; doch gibt es einige vorzügliche Bücher. Als hier verwendete Werke seien genannt:

Zuerst ist das 1987 erschienene Werk von Karl Wälchli über die Denkmäler der Stadt Bern zu erwähnen. Der ehemalige Stadtarchivar hat gut recherchiert. Und er scheute sich nicht, zu einigen Objekten auch Kritik zu äußern, beispielsweise zum Wehrmänner-Denkmal in der Inneren Enge.

Das 2008 erschienene Werk von Georg Kreis: *Zeitzeichen für die Ewigkeit. 300 Jahre schweizerische Denkmaltopographie* stellt mit seinen über vierhundert Seiten trotz einiger Mängel – beispielsweise fehlt das Bramberg-Denkmal bei Laupen – fast eine Enzyklopädie über das Thema dar und ist deshalb grundlegend.

Einige Jahre vorher – 2002 – ist vom Autoren-Team Stefan Hartmann und Heinz Dieter Fink unter dem Titel *Helden, Pioniere und Heilige der Schweiz in Stein und Bronze verewigt* eine originelle illustrierte Betrachtung über 33 mit Denkmälern geehrte reale und legendäre Gestalten von Adrian von Bubenberg bis Huldrych Zwingli, von Henri Dufour bis Heinrich Zschokke, von Pestalozzi bis zum Pfarrer Künzle erschienen. Das Buch zählt ferner alle wichtigen Künstler auf, welche Erinnerungsstätten schufen.

In dem erwähnten Buch ist auch eine lesenswerte vierseitige Betrachtung von Robert Musil von 1927 über Denkmäler wiedergegeben.

2010 erschien von Fritz von Gunten das Buch *Denk mal – ein Denkmal*. Dieses zählt alle Denkmäler im Kanton Bern auf. Dabei beschränkt sich das Werk nicht auf die klassischen Erinnerungsstätten mit Sockel, Statuen und Büsten, sondern erwähnt auch Gedenktafeln, Gedenksteine und sogar Gedenkbäume. Die Holzapfel-Kapelle in Muri bei Bern wird aufgeführt und der Kennedy-Gedenkstein auf dem Belpberg. Aber man erfährt auch etwas über die Churchill-Gedenkstätte im Park des Schlosses Oberhofen und das Denkmal für den Paneuropa-Verfechter Coudenhove-Kalergi bei Gstaad. Ebenso wenig fehlt der Rudolf Minger-Gedenkstein bei Schüpfen und das Denkmal für den legendären Anführer des Bauernaufstands von „1653", Niklaus Leuenberger in Rüderswil.

In von Guntens Buch wird dem Leser gewahr, wie dicht Städte, Dörfer und Landschaften mit Erinnerungsstätten aller Art bestückt sind.

Die Tell-Denkmäler der Schweiz in alter und neuer Zeit erfordern ein eigenes Werk. Dieses existiert seit 1995 aus der Feder von Karl Iten. Das Buch schildert nicht nur die Entstehung des Altdorfer Denkmals, sondern führt auch die anderen seit Ende des 18. Jahrhunderts geschaffenen Erinnerungsstätten für den mythischen Heroen auf. Itens Buch ist reich illustriert, aber etwas unförmig geraten.

Unbedingt zu erwähnen ist auch das kleine illustrierte Werk *Solda-tendenkmäler* von 1953. Man ist erstaunt oder betroffen, wie viele solche Monumente es in der ganzen Schweiz gibt, wobei in den meisten Fällen eines geschmackloser ist als das andere.

Die Beschäftigung mit den historischen Denkmälern der Schweiz hat beim Autor zu einer grundsätzlichen Auseinandersetzung mit der Geschichte geführt. Die Vergangenheit ist zwar bewältigt, aber ihr Schatten für ihn immer noch spürbar. Und in den Denkmälern zeigt sich für den Schreiber deutlicher als in anderen Dingen, wie in unserer Gesellschaft Mythos und Wirklichkeit auseinanderklaffen.

Kurz vor dem Abschluß dieses Buches entdeckte der Autor das unbedingt lesenswerte Büchlein *Landesverteidigung* (2012) des Architektur- und Planungskritikers Benedikt Loderer. In diesem Werk rechnet der besagte Autor mit verschiedenen Schweizer Ideologien ab, von der Alpenbegeisterung über den Bauernkult bis zum Festungswahn. – Diese Mythen finden sich bekanntlich auch in Denkmälern.

Es sei darauf hingewiesen, daß der vergangene Denkmalkult in einigen Ländern wahre Exzesse gefeiert hat.

Über den Denkmal-Wahn in der ehemaligen Sowjetunion und seinen Satellitenstaaten könnte man eine umfassende Darstellung schreiben.

In Italien und Frankreich wurde nach 1919 jede Gemeinde, jeder noch so kleine Ort mit einem Denkmal für die Gefallenen des Krieges bedacht. Zehntausende solcher Erinnerungsstätten entstanden in jedem der beiden Länder.

Wäre es nicht gescheiter gewesen, sich mit den Ursachen des Völkergemetzels auseinander zu setzen? – Die Denkmäler erreichten nichts. Zwanzig Jahre später begann ein neuer allgemeiner Krieg.

Manchmal kam beim Autor der Wunsch hoch, ein Ende der Geschichte zu wünschen, wie es ein amerikanischer Historiker anfangs der 1990er Jahre behauptete.

Doch bekanntlich können wir nicht auf die Geschichte verzichten. Aber zum Schluß sei hier wenigstens auf den programmatischen Titel von Nietzsches Schrift *Vom Nutzen und Nachteil der Historie für das Leben* verwiesen.

Abbildung 1: Affoltern im Emmental: Das Kavallerie-Denkmal auf der Lueg

Foto: Autor, 24.7.2014

Athens Turm der Winde, hoch über dem Emmental

Die Lueg, auch Heiligenland-Hubel genannt, ist ein bekannter Aussichtsberg im Berner Emmental, 6 km nordöstlich von Burgdorf. Auf 887 Meter Höhe genießt man einen prachtvollen Blick gegen Süden, besonders gegen die Alpen.

Möglicherweise war die Lueg in vorgeschichtlicher Zeit einmal eine heilige Höhe. Man leitet den Ortsnamen vom keltischen Gott *Lugos* ab. Und zusätzlicher Beweis für die kultische Bedeutung des Berges scheint der Name des Weilers an seinem Südfuß zu sein: Heiligenland.

In altbernischer Zeit im 18. Jahrhundert, stand auf der Lueg-Höhe ein Chutzen, also eine Hochwacht.

1921 bekam das westliche Ende der Lueg-Höhe eine Aussichtsterrasse mit einem Denkmal, das weder an die Vorzeit noch an die Religion erinnern wollte.

Die Bernische Kavallerie-Offiziers-Gesellschaft ließ damals eine nach einer Idee des Architekten Karl Indermühle gestaltete sechseckige Steinsäule von etwa fünf Metern Höhe aufstellen.

Das Denkmal sollte an die während der Grenzbesetzung 1914 – 1918 verstorbenen Berner Dragoner erinnern. – Der Hauptteil der Verluste entstand am Ende des Krieges durch die Spanische Grippe.

Das Monument ist deutlich von dem „antiken" sogenannten Turm der Winde in Athen inspiriert. – Letzterer wird als eine ehemalige Wasseruhr angesehen. – Allerdings hat das griechische Original acht Seiten.

Der sechseckige Prismenkörper ist dreigeteilt: Zuoberst trägt er einen Sims und darunter auf vier Seiten einen zwei Meter hohen Fries mit einem identischen Relief: drei hintereinander dargestellte galoppierende Rosse, auf dem vordersten ein nackter Reiter mit Stahlhelm. Auf zwei Reliefs blickt der Soldat nach vorne, auf zwei nach hinten.

Auf den vier Relief-Seiten des Denkmal-Schafts finden sich die Namen der verstorbenen Kavalleristen. Eine Seite gegen Westen ist leer, auf der Ostseite steht eine das Monument erklärende Inschrift.

Um das Denkmal ist ein kiesbestandener und von einer niederen Mauer eingefaßter Aussichtsplatz hergerichtet, der von Osten erreichbar ist.

Auf der Lueg wird also nicht an alle Wehrmänner der Grenzbesetzung im Ersten Weltkrieg gedacht, sondern nur an die verstorbenen Dragoner des Bernbiets.

Nun war die Schweizer Kavallerie eine besondere Waffengattung. Da die Pferde meistens von Bauern gehalten wurden, war diese Truppe überwiegend bäuerlich, damit ländlich und traditionalistisch bestimmt. – In der Reitertruppe trafen sich zwei Mythen, jener vom Nährstand und jener vom Wehrstand.

Da störte der Einwand nicht, daß schon im Weltkrieg von 1914 die berittenen Truppen absteigen und zu Fuß und im Schützengraben kämpfen mußten.

Die Schweizer Armee jedoch behielt die Kavallerie als eine der militärischen Sparren.

Erst 1972 wurde die Kavallerie als Waffengattung abgeschafft. Das aber ging nicht ohne massiven Protest: Eine Petition zur Erhaltung dieser Waffengattung wurde lanciert und von 250'000 Personen unterschrieben.

Der nutzlose Protest zeigte auch, wie sehr in der Schweiz Abstimmungen und Petitionen nicht durch sachliche Erwägungen, sondern durch Gefühle bestimmt werden.

Die Militär-Dragoner sind unterdessen ausgestorben. Die eingangs erwähnte Bernische Kavallerie-Gesellschaft feierte jedoch noch 2008 vor dem Lueg-Denkmal ihr 150-jähriges Bestehen.

Und wie bei anderen Denkmälern der Grenzbesetzung, etwa demjenigen von Les Rangiers im Jura oder dem Forch-Denkmal, fällt bei der Erinnerungsstätte auf der Lueg die rasche Entstehung auf: Keine drei Jahre nach der Demobilisation stand das Monument. Offenbar verzögerten weder Geldprobleme noch Einwände die Ausführung.

Und sowohl in der Schweiz wie im Ausland macht man die interessante Feststellung, daß dem Gedenken des Ersten Weltkriegs viel mehr Denkmäler gewidmet sind als dem Zweiten.

Das Kavallerie-Denkmal auf der Lueg im Emmental kann heute mit emotionaler Distanz betrachtet werden.

Nur fragt man sich: Weshalb eine solche Erinnerungsstätte, wo doch die Erinnerung an jene Waffengattung allmählich verschwindet?

Könnte man den sechseckigen Turm auf der Lueg nicht umfunktionieren zu einem Denkmal an die ehemalige Schweizer Kavallerie?

Bei aller Kritik darf man bei dem Lueg-Monument nicht vergessen, daß die Landschaft, in der es steht, schweizweit einen hohen emotionalen Stellenwert besitzt. Der berühmte Käse, die Romane und Novellen von Jeremias Gotthelf und vielleicht noch die nach diesem Schriftsteller gedrehten Filme verleihen dem Emmental einen besonderen Klang.

Abbildung 2: Altdorf UR: Das Tell-Denkmal

Foto: Autor, 15.7.2014

Die Verfestigung des heutigen Tell-Bilds

Wilhelm Tell ist in den letzten zwei Jahrhunderten zur archetypischen Schweizer Heldengestalt geworden. Den größten Anstoß gab sicher Friedrich Schiller mit seinem Schauspiel von 1804. Auch Rossinis Oper, vor allem die überaus populäre Ouvertüre, hatte sicher großen Anteil.

Dabei ist die Figur von Wilhelm Tell nicht leicht zu fassen. Der große Armbrustschütze aus Uri hat wohl eine Ähnlichkeit mit dem nordischen Helden Toko. Doch die Historiker haben einseitig diesen Zusammenhang betont.

Tell ist zuerst Nimrod aus dem Alten Testament: ein großer Jäger vor dem Herrn. Als solcher stellt er eine Parallelität zum griechischen Orion dar - Man kann ihn auch als wilden Jäger sehen, ähnlich wie Rübezahl aus dem Märchen.

Der ruhelos streifende Schütze und Jäger Tell ist im Grunde eine anarchische Gestalt. Schon in den ältesten Chroniken wird seine Rolle in der eidgenössischen Gründungssage unterschiedlich dargestellt. Einmal ist er der einfältige Tor, der dem Landvogt Gessler den Gehorsam verweigert. In anderen Berichten wird Wilhelm Tell aber als einer der drei Schwurgenossen auf dem Rütli genannt.

Bei den Vorarbeiten für *Die alten Eidgenossen* hat sich der Autor ausführlich mit Tell beschäftigt. Die Analyse ergab, daß jener Held aus den Waldstätten ein Jesus-Mörder ist: In der Person des Vogtes Gessler erschießt er den christlichen Heiland.

Und die Geschichte von der Überfahrt des gefesselten Tells über den Vierwaldstättersee und die anschließende Begebenheit in der Hohlen Gasse stellen eine Paraphrase dar aus dem vierten Kapitel des Evangeliums nach Markus.

Später bestätigte eine ähnliche Sage aus Deutschland, daß Tell als Christus-Mörder anzusehen ist:

Da soll es im Schwabenland einen höllischen Schützen namens Wilhelm gegeben haben. Dieser schoß mit seiner Armbrust mehrmals auf ein hölzernes Kruzifix. Nach dem zweiten Treffer soll das Bild des Heilands zu bluten angefangen haben. – Der örtliche Graf habe darauf den Unhold hinrichten lassen.

Erst seit kurzem sehen auch andere Historiker zögerlich die biblischen Anklänge in der Gründungssage der Waldstätte.

Der Tell, wie ihn das schweizerische 20. Jahrhundert nachmalig kannte, ist durch das 1895 eingeweihte Denkmal in Altdorf bestimmt.

Der kleine und finanziell schwache Kanton Uri konnte die Kosten einer solchen Unternehmung nicht tragen. Doch schon damals sprang die Eidgenossenschaft mit Subsidien ein.

Den 1893 ausgeschriebenen Wettbewerb für ein Tell-Denkmal in Altdorf gewann Richard Kissling, der sich mit dem Alfred Escher-Denkmal in Zürich als führender Bildhauer profiliert hatte.

Der Urner Tell sollte eine monumentale Figur werden, mit Sohn, aber ohne Handlung, schreitend, mit geschulterter Armbrust. Und der Held sollte nicht mehr wie vorher mit Federhut und Trikot, sondern im Gewand eines Innerschweizer Berglers dargestellt werden.

Alle diese Vorgaben vermochte Kissling zu erfüllen. 1895 wurde das Denkmal mit großem Pomp auf dem Rathausplatz von Altdorf eingeweiht. Die für die damalige Zeit sehr hohen Kosten von 157'000 Franken übernahm größtenteils die Bundeskasse. Damit wurde Tell auch zu einem offiziellen eidgenössischen Monument.

Einige Besonderheiten des Altdorfer Tell-Denkmals sind zu erwähnen.

Der Sockel sollte aus einheimischem Gestein geschaffen werden. Aber da man die passende Farbe dazu in der Nähe nicht fand, entschied man sich wohl oder übel für einen Porphyr aus dem Schwarzwald.

Und obwohl 1891 das fiktive Gründungsdatum der Schwyzer Schwurgenossenschaft offiziell auf 1291 festgelegt worden war, trägt der Sockel die Jahrzahl 1307. - Noch am Ende des 19. Jahrhunderts war also das vom Chronisten Aegidius Tschudi verwendete Datum nicht ganz verdrängt. – Vergessen war hingegen, daß der Schwurbund ursprünglich mit 1314 datiert wurde (Pfister: *Die Entstehung der Jahrzahl 1291*).

Das Tell-Denkmal in Altdorf von Kissling schuf das endgültige Bild jenes Heroen im Schweizer und im ausländischen Volksbewußtsein. – Es wurde ebenso prägend wie das einige Jahre später von Ferdinand Hodler geschaffene Tell-Gemälde.

Mit dem Altdorfer Monument wurde Tell zu einem Gegenstand der Gebrauchsgeschichte, zu einer Passepartout-Figur, mit der sich politisch alle Bestrebungen von rechts über die Mitte bis links begründen ließen. Die Verbreitung des Motivs auf Briefmarken, Banknoten, Münzen und Medaillen, aber auch als graphisches Objekt, *verankerte das Denkmal als nationales Symbol endgültig der ganzen Schweizer Bevölkerung und weit über die Landesgrenzen hinaus* (K. Iten, 325)

Kisslings Tell-Figur ist nicht zu verstehen, ohne die ikonographische Veränderung, die sich beim Nationalhelden in jener Zeit vollzogen hatte.

Der Basler Künstler Ernst Stückelberg erhielt Ende der 1870er Jahre den Auftrag, die Tell-Kapelle am Urnersee mit Fresken auszumalen. Dazu schuf er unter anderem eine Ölstudie *Wilhelm Tell und Sohn* (abgebildet in: Pfister, *Die alten Eidgenossen*).

Der Realismus oder sogar Naturalismus der neuen Tell-Darstellung ist bemerkenswert. So suchte sich Stückelberg für die Darstellung des Freiheitshelden einen Bergler aus Uri als Modell.

Dann steht die Figurengruppe von Tell und Sohn vor einem eigens als Hintergrund geschaffenen Fresko, einer imaginären Innerschweizer Gebirgslandschaft. Der Stadtturm, das sogenannte Türmli, dient als Kulisse. Dieses theatralische Moment hat Kissling schon bei seinem Alfred Escher-Denkmal vor dem Eingangsportal des Hauptbahnhofs Zürich angewandt.

Und indem Tell nun als typischer Bergbauer dargestellt wurde, erzeugte er ein falsches Bewußtsein: Die Bauern, die Bergbewohner und der Gotthard schienen die Ursprungsstätte der Schweiz zu sein, nicht das Mittelland, wie es richtig ist.

Also mußten fortan auch die Tellspiele nach Schiller in Interlaken und in Altdorf stattfinden. Der Held schien ohne Bergkulisse undenkbar.

Das Tell-Denkmal wird seit jeher gut besucht und sichert Altdorf den Rang eines Touristen-Orts.

Als letztes sei angemerkt, daß das Porträt des Tellen von Altdort stark demjenigen des Göttervaters Jupiter gleicht – oder auch dem Meergott Okeanos. – Der Künstler schuf das sicher mit Absicht. Tell steht nämlich in der alten Auffassung als Halbgott zwischen den beiden genannten Göttern.

Abbildung 3: Andermatt UR: Das Suworow-Denkmal

Foto: Autor, 17.8.2014

Eines russischen Generals angebliche militärisch-alpinistische Höchstleistung

Darf man in der Schweiz ein Denkmal für einen Ausländer errichten, der hier Krieg geführt hat – wohlgemerkt nicht zum Wohle des Landes und seiner Bewohner?

Diese Frage mußte der Bundesrat beantworten, als ihm 1892 aus Rußland ein Projekt für eine Gedenktafel für General Suworow unterbreitet wurde. Ein großsprecherischer russischer Fürst wollte in der Schöllenen-Schlucht zwischen Göschenen und Andermatt im Kanton Uri an die berühmte Alpenüberquerung des genannten russischen Feldherrn 1799 erinnern.

Bekanntlich war die Ostschweiz in jenem Jahr Kriegsgebiet der ausländischen Mächte Frankreich gegen die Koalition von Österreichern und Russen. In der zweiten Schlacht von Zürich hatten die Franzosen die militärische Überlegenheit zurückgewonnen. Aus Oberitalien wollte deshalb der dort operierende General Suworow mit seiner Armee von etwa 20'000 Mann dem Bündnispartner Österreich zu Hilfe eilen.

Suworow rückte vom Tessin her auf den Gotthard vor, um nachher über Uri gegen Zürich vorzustoßen.

Angeblich stießen die Russen in der Schöllenen-Schlucht auf französischen Widerstand, den sie aber brachen. Doch in Altdorf versperrte der Feind ihnen den Weg. – Suworow mußte den Weg über den Kinzig-Paß nehmen, um die Franzosen im Muotatal angreifen zu können. – Wiederum gelang es den Russen nicht, sich freizukämpfen. Stattdessen blieb ihnen nur der Rückzug über den Pragel nach Glarus. Auch dort sei es ihnen unmöglich gewesen, den Talausgang zu nehmen. Also mußten sie die Route über den Panixer-Paß ins bündnerische Vorderrheintal nehmen, wo sie sich ins Vorarlberg zurückzogen.

Aber wir wollen hier nicht Kriegsgeschichte nacherzählen, sondern fragen, wie weit die russische Armee überhaupt in den Schweizer Alpen gekommen ist.

Der russische Oberkommandierende selbst war im Jahre 1799 angeblich bereits fast siebzig Jahre alt. Doch dessen militärische Biographie ist atemberaubend. Bereits „1759" soll er den Russen in der Schlacht bei Kunersdorf zum Sieg gegen Friedrich II. von Preußen verholfen haben. – Aber die Kriege Friedrichs des Grossen sind erfunden.

Und danach habe Suworow während vierzig Jahren ständig und erfolgreich gegen Polen und Osmanen gekämpft.

An dieser Biographie ist wahrscheinlich nur wenig wahr: Sein richtiges Alter wird Suworow kaum gewußt haben. Und möglich sind höchstens einige Kämpfe gegen Polen und Türken.

Und wie steht es mit seiner glorreichsten Unternehmung, der Alpenüberquerung von 1799?

Schon als Schüler hat den Autor gewundert, wie es möglich gewesen sei, mit einer ganzen Armee, mit Mann und Ross und Wagen, in zehn Tagen drei Alpenpässe zu überqueren.

Man stelle sich vor: Der Kinzig-Paß ist 2000 Meter hoch - unüberwindlich für ein Heer. Der Pragel-Paß mit 1500 Metern könnte für eine militärische Kolonne gerade noch zu passieren sein. – Aber der Panixer-Paß – zwischen Glarus und Graubünden – hat eine Höhe von sage und schreibe 2400 Metern – einfach unüberwindlich für eine große Zahl!

Eine solche Unternehmung stellt sogar für einen heutigen Bergwanderer, der sich auf eine ausgebaute Infrastruktur und eine gute Ausrüstung verlassen kann, eine Herausforderung dar.

Suworows angebliche militärisch-alpinistische Höchstleistung ist eine ebenso windige Geschichte wie die sagenhafte Alpenüberquerung von Hannibal mit seinen Elefanten.

Man vergesse nicht: Um 1800 wird die allgemeine Geschichte erst glaubwürdig. Aber noch bis 1815 sind verschiedene Ereignisse und Personen nicht immer zum Barwert zu nehmen.

Doch die Suworow-Geschichte fand ihren Weg in die Geschichtsbücher. Und überall, wo jener russische General angeblich vorbeikam, wird etwas damit in Zusammenhang gebracht.

Im Kanton Glarus gibt es zum Beispiel heute vielleicht mehr Kanonenkugeln von Suworow als jener General in seiner Armee mitgeführt hat.

Um zum Jahr 1892 zurückzukehren: Ein Denkmal für Suworow auf Schweizer Boden war eine heikle Angelegenheit. Sie betraf die Eidgenossenschaft als Ganzes, dann den Kanton Uri und zuletzt die Korporation Urseren als Eigentümerin der Schöllenen-Schlucht.

Man entschied, daß einer Gedenktafel für Suworow nichts im Wege stünde.

Nach der offiziellen Genehmigung wurde aus der schlichten Tafel ein grandioses Monument entworfen. Als solches wurde es verwirklicht und 1899 eingeweiht.

Das Suworow-Denkmal in der Schöllenen-Schlucht nördlich von Andermatt ist in eine in die Felswand gehauene Nische hineingestellt und besteht aus einem fünf Meter hohen Sockel mit einem zwanzig Meter langen, schrägen griechischen Kreuz, mit einem Kranz am Fuß.

Sonderbar mutet der Kranz aus rechteckigen Zinnen an, welcher den oberen Teil des Kreuzes zu fast zwei Dritteln umrahmt. – Man denkt dabei an ein Zahnrad.

Die monumentale kyrillische Inschrift in goldenen Lettern auf dem Sockel erzählt von dem russischen General und seiner Unternehmung und wird auf jeder Seite von einem stilisierten aufrechtstehenden und mit einer Banderole umwickelten Dolch flankiert.

Geschmacksvoll ist die Erinnerungsstätte auf jeden Fall nicht – um das mindeste zu sagen: Da wird in pompöser Weise an die angeblichen Heldentaten eines großsprecherischen russischen Generals gedacht, wo man nicht weiß, was Wahrheit und was Legende ist.

Die Monumentalität des Denkmals für Suworow verschwindet allerdings in der majestätischen Schöllenen-Schlucht.

Politisch ist das Suworow-Denkmal bis heute eine heikle Angelegenheit geblieben. Mehrmals, so etwa 1945 und in den 1980er Jahren waren dabei die diplomatischen Beziehungen zwischen der Schweiz und der damaligen Sowjetunion betroffen. Auch der Besuch des russischen Präsidenten Medwedew am Denkmal 2009 hatte einige Mißtöne.

Hierzu kommt ein anderer Aspekt: Suworow kämpfte 1799 gegen die Franzosen. Also hätte auch jenes Land eine Erinnerungsstätte beanspruchen können.

Letzteres Problem löste man um 1990, indem man an einer Außenwand der Kneipe unweit des Suworow-Denkmals eine Tafel mit der Bezeichnung „Franzosenplatz" anbrachte. – Der historische Ausgleich war erreicht.

Abbildung 4: Avenches VD: Die Storchen-Säule (*Le Cigognier*)

Foto: Autor, 22.7. 2000

Überrest der Römerzeit und Vermessungssäule

Avenches - auf deutsch früher Wiflisburg genannt - ist ein „mittelalterliches" Städtchen, auf einem ovalen Hügel gelegen, und trug sicher einmal ein keltisches Oppidum. Zu seinen Füssen lag das „römische" Aventicum. Diese Stadt selbst nahm nur einen Teil innerhalb der fünfeinhalb Kilometer langen Ringmauer ein.

Aventicum war nach den Chroniken eine römische Kaiserstadt: In ihren Mauern soll der spätere Herrscher Vespasian aufgewachsen sein, Sohn des Krämers Sabinus.

Der „spätrömische" Geschichtsschreiber Ammianus Marcellinus spricht anerkennend von Aventicum: Diese sei eine jetzt verödete Stadt, die aber einstmals berühmt gewesen sei, wie deren halbzerstörte Bauwerke noch heute zeigten.

Ausgrabungen haben den ganzen antiken Stadtplan rekonstruiert. Vorher waren nur die Reste von ein paar Bauwerken zu sehen:

Am Ostrand des Stadthügels blieb immer das Oval des Amphitheaters sichtbar, mit dem über dem Eingang errichteten sogenannten Bischofsturm, dem Rest einer alten Stadtbefestigung.

Auch der Schutthügel des halbrunden Theaters in der Ebene südöstlich des Städtchens war immer zu sehen.

Und von der Ringmauer der Römerstadt sah man auch immer Reste im Osten von Avenches auf einer Anhöhe: einen zu einem mittelalterlichen Signalturm verbauten Wehrturm, genannt La Tornallaz.

Doch das bedeutendste Überbleibsel des antiken Aventicum stellt zweifellos die Storchensäule dar, französisch *Le Cigognier* genannt, ein paar hundert Meter südöstlich des Amphitheaters in der Ebene gelegen.

Den Namen soll die Säule bekommen haben, weil darauf früher Störche genistet hätten.

Die baugeschichtliche Untersuchung zeigt, daß der Cigognier ein Mittelding zwischen Pfeiler und Säule darstellt: eine Halbsäule gegen Süden, auf den übrigen Seiten ein Pfeiler. Gegen Westen ist noch deutlich eine kannelierte Flachsäule mit korinthischem Kapitell zu erkennen.

Das Cigognier-Monument stellt eine eigentliche Sensation dar: Sie ist die einzige römische Säule nördlich der Alpen, die immer aufrecht geblieben ist.

Der zwölf Meter hohe Pfeiler gehörte zur südwärts gerichteten Vorhalle eines großen Tempels. Dem nach Süden gerichteten Heiligtum war zu beiden Seiten eine säulenbestandene Vorhalle angeschlossen, die einen weiten Hof umschloß. Und die ganze Tempelanlage war axial und mit ihren Längsseiten nach dem südlich gelegenen Theater ausgerichtet.

In einem Abwasserkanal des Vorhofs des Cigognier-Tempels hat man 1939 bei Ausgrabungen die berühmte Goldbüste des Kaisers Marc Aurel gefunden. – Doch seit zwanzig Jahren betont der Autor, daß dieser Fund zwar aus echtem Edelmetall besteht, die Plastik aber eine Fälschung, ein Werk der 1930er Jahre ist: Man wollte dem antiken Avenches und dem Waadtland mit dieser Büste etwas goldenen Glanz verleihen – genau wie der Schweiz 1962 mit den in einer Geröllhalde bei Erstfeld im Kanton Uri gefundenen „keltischen" Goldringen.

Viele Jahrzehnte also hielt auch der Autor die Storchensäule in Avenches für ein markantes Überbleibsel der Römerstadt Aventicum und sagte sich: Ein Wunder, daß dieser Pfeiler nicht umgeworfen wurde inmitten einer allgemeinen Zerstörungswut!

In den letzten Jahren aber kamen dem Schreiber immer mehr Zweifel an dem Monument: Ist dieser Steinpfeiler wirklich zufällig erhalten geblieben oder ließ man ihn bewußt stehen?

Entscheidend war für den Autor der Rückgriff auf die sogenannte keltische Landvermessung, die er vor bald zwanzig Jahren wiederentdeckt und rekonstruiert hatte.

Es gab ein altes Vermessungssystem, das auf der keltischen Meile, der Leuge oder Leuga basierte. Diese maß 2225 Meter, und deren Linien bildeten bestimmte Himmelswinkel. Jeder Fleck Helvetiens war vermessen und in dieses Netz eingebunden.

Als Meßanker der alten Landvermessung dienten Findlinge, Burghügel, Mauerzüge und hervorstechende Geländemerkmale.

Die Storchensäule von Avenches war ein idealer Meßpunkt. Beispielsweise sind es von dort sowohl zum Osttor von Aventicum wie zu dem Burgturm von La Tornallaz genau eine halbe Meile, also 1112 Meter. Zudem konnte man vom Cigognier am Tag der Sommer-Sonnenwende durch das Mittelportal jenes östlichen Tordurchgangs die aufgehende Sonne beobachten.

Alle Hinweise sprechen dafür, daß Aventicum die Hauptstadt des alten Waldgaus, der heutigen Waadt war. Und Bern als Ort links der Aare gehörte dazu.

Vermutlich war Aventicum das römische Bern – mehr noch als die gallorömischen Spuren auf der Engehalbinsel nördlich der Aare-Stadt.

Es gibt eine Vermessung, die diesen Zusammenhang nahelegt:

Von der Storchensäule in Avenches sind es bis zum Käfigturm in Bern genau vierzehn Leugen – ein ganzzahliger Abstand, der sicher bewußt gewählt worden war, um die Beziehung zwischen der alten und der neuen Hauptstadt des Waldgaus zu verdeutlichen.

Der Cigognier ist somit ein Beleg dafür, daß jener Ort einmal Berns Mittelpunkt war. – Nicht von ungefähr behauptet die Stadtchronik von „Justinger" mit dem Datum von „1333", daß die Berner in jenem Jahr Avenches verwüstet hätten.

Die Storchensäule stellt einen Überrest des „römischen" Aventicums dar. Aber sie liefert gleichzeitig einen manifesten Beleg für die seltene Verbindung einer alten mit einer neuen Funktion.

Der Cigognier in Avenches war nicht als Monument geplant, besitzt aber heute diese Eigenschaft; er ist als ältestes erhaltenes Denkmal auf helvetischem Boden zu betrachten.

Übrigens war Avenches – Aventicum – Wiflisburg einmal Bischofstadt, vielleicht sogar Sitz eines Papstes. Eine bauliche Figur unterstützt die Vermutung:

Die genannte „römische" Ringmauer der Stadt hat auf dem Plan ein muschelförmiges Aussehen. Dieselbe Muschel – ein päpstliches Symbol – findet sich als Figur in der Stadtmauer von Avignon. – Und Avignon (AVENNO = VNN) hat die gleiche Namenswurzel wie Avenches – und auch das biblische Ninive (NNV > VNN).

Etwas Aktuelles über Avenches: Das waadtländische Städtchen wollte 2015 seinen 2000-jährigen Geburtstag feiern. – Der Ort wäre also rund fünfmal älter als die heutige Menschheit!

Abbildung 5: La Baroche JU: Das ehemalige Denkmal *La Sentinelle* bei Les Rangiers

Foto aus: *Soldatendenkmäler;* Belp 1953, S. 19

Ein Soldatendenkmal, das zwischen die Fronten geriet

Mit dem Monument *La Sentinelle,* deutsch *Die Schildwache,* wird ein Objekt besprochen, das heute nicht mehr existiert, das aber in diesem Zusammenhang wichtig ist. Denn die Entstehung, der Charakter, die Kritik und die Zerstörung des Denkmals widerspiegeln in einem gewissen Sinne die Schweizer Geschichte des 20. Jahrhunderts mit ihren politischen und geistigen Veränderungen.

Im Ersten Weltkrieg lag der Schwerpunkt der Schweizer Grenzbesetzung im Berner Jura, genauer gesagt in der Ajoie, dem Elsgau. Am nördlichen Ende, westlich von Boncourt, endete während vier Jahren die deutsch-französische Frontlinie. Die exponierte Lage der Ajoie führte dazu, daß die Jura-Berge nordöstlich von St. Ursanne beim 850 Meter hohen Col des Rangiers als erste Abwehrlinie hergerichtet wurden. Die Krete war mit Bunkern und Feldstellungen stark befestigt. Entsprechend viele militärische Einheiten waren in jenem Raum ständig im Dienst.

Der Paß von Les Rangiers mit dem darunter liegenden Bauernhof und der Gaststätte von La Caquerelle wurden bei den zumeist Deutschschweizer Wehrmännern zu allgemein bekannten Orten.

Nach 1918 kam die Idee auf, in jener Jura-Region ein Denkmal für die Grenzbesetzung zu errichten. Den Anstoß dazu gaben jedoch nicht militärische Kreise und nicht Leute oder Organisationen aus der deutschen Schweiz, sondern der Jurassische Verkehrsverein: Man wollte ein Monument für die kommenden Generationen schaffen, dachte dabei aber hauptsächlich an eine zukünftige touristische Attraktion.

Die Idee kam gut an: Bis weit in den Zweiten Weltkrieg hinein blieb die Region von Les Rangiers bei der damaligen Aktivdienst-Generation in zunehmend verklärtem Ansehen. Davon zeugen unter anderem das Lied und der 1941 entstandene Film *Gilberte de Courgenay.*

Die Hauptpunkte des geplanten Denkmals standen bald fest: Es sollte auf dem Col des Rangiers aufgestellt werden. Der Bildhauer Charles L'Epplatenier aus La Chaux-de-Fonds wurde beauftragt, einen Wehrmann mit dem Charakter einer Schildwache zu entwerfen.

Eine repräsentative Erinnerungsstätte aber erforderte Mittel, die den lokalen Verkehrsverein überforderten. Die eidgenössische Kunstkommission wurde angefragt. Durch einen Spendenaufruf und durch verschiedene staatliche Subventionen kam das Geld 1923 zusammen.

Im August 1924 wurde das Denkmal *La Sentinelle* auf dem Col des Rangiers mit dem üblichen Pomp und der Anwesenheit von Bundesräten und hohen Militärs – unter anderem auch dem Weltkrieg-General Ulrich Wille - eingeweiht.

Dargestellt war ein überlebensgroßer Soldat, mit Kaput (Mantel), Tschako und Langgewehr samt aufgepflanztem Bajonett. Der Sockel trug zu Füssen der Statue ein großes Schweizerkreuz.

Bei der welschen Bevölkerung bekam die Figur der Schildwache bald den Spitznamen *Le Fritz,* einem Schimpfwort für die Deutschen. Tatsächlich wirkte *La Sentinelle* mit ihrer strammen Haltung eher preußisch als schweizerisch. – Die Anspielung war nicht zufällig: Die Schweizer Armee während des Ersten Weltkriegs war mit ihrem deutschfreundlichen General Wille nach dem großen Nachbarland im Norden ausgerichtet, was sich unter anderem in eintönigem Exerzieren und in Schikanen gegenüber den einfachen Soldaten äußerte.

Ungewollt drückte der nach Nordwesten, gegen Frankreich schauende Wehrmann auf dem Paß von Les Rangiers genau die Wirklichkeit jener Zeit aus, an die man erinnern wollte.

Doch die Zwischenkriegszeit war zu kurz, um eine weiter gehende Kritik an dem Soldatendenkmal von Les Rangiers zu äußern.

Das änderte sich ab den 1950er Jahren. Damals kam im französischsprachigen Berner Jura die Separatistenbewegung auf, die einen eigenen Kanton forderte. 1964 wurde erstmals eine vor dem Denkmal von Les Rangiers geplante Feier an die Mobilisation von 1914 durch eine gezielte Aktion verhindert.

Der jurassische Separatismus erreichte durch Manifestationen, aber auch durch Anschläge und Einschüchterung der Gegner sein Ziel: Ende der 1970er Jahren wurde mit eidgenössischer Zustimmung der Jura zu einem neuen Kanton konstituiert. Allerdings umfaßte der neue Stand nur die drei nördlichen Bezirke des ehemaligen Berner Juras. Der ebenfalls französischsprachige Südjura entschied sich für ein Verbleiben im alten Kanton.

Der neue Kanton Jura ist durchzogen zu werten. Einerseits zeigte er die Fähigkeit der offiziellen Schweiz, mit historischen Überlieferungen zu brechen. Anderseits bedeutete er ein problematisches Nachgeben gegenüber partikularistischen Interessen.

Die Schildwache von Les Rangiers oder *Le Fritz* geriet im Gefolge der Auseinandersetzungen um einen Kanton Jura zwischen die Fronten. Aus der Erinnerungsstätte an eine schwierige Zeit war in der Region ein Symbol für Unterdrückung und für Berner und Deutschschweizer Dominanz geworden.

Trotzdem blieb das Denkmal von Les Rangiers auch nach der Schaffung des Kantons Jura im Jahre 1980 zunächst stehen. Abgesehen von Farbattacken versah der steinerne Wehrmann weiterhin seinen Dienst auf jener Jurahöhe.

1984 wurde *La Sentinelle des Rangiers* zum ersten Mal umgestoßen, aber wieder aufgerichtet. 1989 jedoch war es mit dem Monument vorbei: Es wurde erneut umgestoßen und dabei Kopf und Bajonett mitgenommen.

Die Schildwache von Les Rangiers wurde danach weder restauriert, noch wiederhergestellt. Nach einigen Jahren entfernte der neue Kanton auch den Sockel. Damit erinnert auf der Paßhöhe nichts mehr an das 1924 errichtete Denkmal.

Sicher war die Entfernung der *Sentinelle* von Les Rangiers ein Gebot der veränderten Zeitenläufe. Anderseits ist doch erstaunlich, daß das Denkmal erst so spät demoliert wurde, nachdem die separatistische Bewegung des bernischen Nordjuras ihr Ziel erreicht hatte.

Der kritische Betrachter schließt daraus, daß Denkmäler ein zähes Leben haben. Die Motive ihrer Entstehung mögen vergessen worden sein, die Präsenz unpassend und stoßend geworden. Aber bis zur Beseitigung ist oft ein langer Weg.

Als Kuriosum sei noch folgende Einzelheit erwähnt:

Nachdem das Denkmal von Les Rangiers zum zweiten Mal umgestoßen worden war, brachten gewisse Kreise die Idee vor, das Monument an einem anderen, gewissermaßen neutralen Ort in der Westschweiz neu aufzustellen. Vorgeschlagen wurde der Col de Mollendruz im Waadtländer Jura. – Doch daraus wurde nichts.

Abbildung 6: Basel: Das Sankt Jakobs-Denkmal

Foto: Autor, 7.6.2014

Eine Stadt heimst eine Schlacht für sich ein

Basel gilt als friedliche Stadt und ist wegen dem Schiffahrtsweg des Rheins ein offenes Portal nach Deutschland und nach Frankreich.

In der legendären alteidgenössischen Geschichte spielt Basel die Rolle eines Konzilsorts und als Ort der Theologie, der Wissenschaft und des Buchdrucks.

Trotzdem wurde eine wichtige Schlacht der Eidgenossen dort geschlagen: Südöstlich außerhalb der damaligen Stadt, am linken Ufer der Birs, in der Umgebung eines alten Siechenhauses, wird die Walstatt von Sankt Jakob von „1444" angesetzt.

Bei St. Jakob an der Birs ist unbedingt auf die Verdoppelung mit der Schlacht von St. Jakob an der Sihl aufmerksam zu machen. Die ersten Chronisten verwechselten häufig Ereignisse oder formten die gleichen Dinge an mehreren Orten zu einer analogen Geschichte aus. Also sei es bereits im Vorjahr, „1443", vor den Toren Zürichs zu einer Schlacht beim Siechenhaus von St. Jakob an der Sihl gekommen: Die Zürcher machten einen Ausfall, wurden aber von den Eidgenossen unter großen Verlusten zurückgedrängt. Dabei kam auch Zürichs Bürgermeister Rudolf Stüssi ums Leben.

Die verdoppelte Schlacht von St. Jakob im gleichen Krieg sollte allein schon die ganze erfundene Geschichte in Frage stellen. – Aber der Historismus des 19. Jahrhunderts störte sich nicht mehr an solchen unpassenden Einzelheiten.

Eine kritische Betrachtung jener Schlacht vor den Toren Basels zeigt alle Merkmale einer heroischen und religiösen Geschichtslegende.

Da soll aus Frankreich aus wenig überzeugenden Motiven ein überlegenes Heer von arbeitslosen Söldnern, den Armagnaken, unter dem Befehl des Dauphins nach Basel gezogen sein, um die Eidgenossen anzugreifen, die damals Zürich belagerten.

Die Schlacht fand an einer christlich geweihten Stätte statt – gleich ob dies nun ein Kloster oder eine Kapelle war. – Die zahlenmäßig weit unterlegenen Eidgenossen werden bis fast auf den letzten Mann niedergemacht. Aber ihr Opfertod rettet die Eidgenossenschaft.

Man erkennt bei St. Jakob an der Birs auch Beziehungen zu dem legendären Guglerkrieg, der „um 1375" angesetzt wird. Auch dort kommt ein überlegener Feind aus Frankreich in die Schweiz, nistet sich in Klöstern ein und zieht schließlich ab, ohne daß die Eidgenossen die Eindringlinge vertrieben hätten.

Die St. Jakobs-Geschichte klingt auch an die „antike" Schlacht der 300 Spartaner an, die bei den Thermopylen von einem zahlenmäßig überlegenen Feind bis auf den letzten Mann niedergemetzelt wurden.

1812 dichtete der Berner Schriftsteller Johann Rudolf Wyss der Jüngere das pathetische Gedicht *Heil dir Helvetia*, später zur Schweizer National-Hymne geworden. In diesem Text gab es den berühmt gewordenen Vers: *Heil dir Helvetia, hast noch der Söhne ja, wie sie Sankt Jakob sah, freudvoll zum Streit.*

Das schwülstige Pathos jenes Gedichts wurde nach 1945 unerträglich. Also hat man jene Hymne in den 1960er Jahren durch den *Schweizerpsalm* ersetzt.

Das Lied von Johann Rudolf Wyss, aber auch die patriotische Schweizer-Geschichte von Johannes von Müller, entfachte nach 1815 den Mythos von St. Jakob an der Birs.

Bereits 1824 wurde auf einem vermeintlichen Grabhügel der Schlacht im Südosten von Basel ein erstes Denkmal geschaffen: ein vom Maler Marquard Wocher entworfener neugotischer Steinpfeiler. Es war dies neben dem Obelisken von Murten das erste eigentliche Schlacht-Denkmal auf Schweizer Boden.

Die Fiale war in den 1860er Jahren schadhaft geworden. Also kam in Basel der Wunsch nach einem neuen Denkmal für die Schlacht von St. Jakob an der Birs auf.

Den Wettbewerb für eine neue Gedenkstätte für St. Jakob gewann der in Rom wirkende Bildhauer aus Basel Ferdinand Schlöth (1818 – 1891). Dieser war bereits als Schöpfer des 1865 eingeweihten Winkelried-Denkmals in Stans bekannt.

1872 wurde das neue St. Jakobs-Denkmal in Basel eingeweiht. Die zwölfjährige Entstehungszeit des Monuments *ist exemplarisch für die Schwierigkeiten demokratischer Entscheidungsfindung in ästhetischen und repräsentativen Fragen* (B. Meles, 16).

Das Monument aus Carrara-Marmor mit einem Sockel aus weißem Solothurner Kalkstein befindet sich am Ende der Basler St. Jakobs-Straße auf einer Kuppe vor einer Baumgruppe, ist über eine breite Freitreppe erreichbar und besteht aus einer kunstvoll arrangierten

Figurengruppe. Zentral ist eine überdimensionierte Helvetia, die Linke in einer theatralischen Geste emporhebend, in der gesenkten rechten Hand einen Kopfkranz haltend. Zu den Füssen der Frauengestalt, die auf einem sechseckigen Sockel steht, ist dieser kreuzförmig erweitert. Jeder der vier Enden trägt ein Podest mit je einem Krieger in verschiedenen heroischen Posen.

Bei der Sankt-Jakob-Geschichte in Basel erinnert man sich an eine ähnliche Begebenheit der wahren Geschichte:

1836 erhoben sich die amerikanischen Siedler in Texas gegen die Herrschaft der Mexikaner. Ein großes Heer unter Santa Ana rückte gegen die Abtrünnigen vor. Bei der ehemaligen Missionsstation Alamo verteidigten sich über zweihundert bewaffnete Texaner mehrere Tage verzweifelt gegen die fremden Truppen. Die Festung wurde erobert, nur wenige Verteidiger überlebten.

Das Heldentum der Verteidiger des Alamo wird übrigens militärgeschichtlich kritisch gesehen: Das Opfer war sinnlos, weil sich die Texaner schon ein paar Wochen später gesammelt hatten und die Mexikaner besiegten.

Heute wirkt das St. Jakobs-Denkmal hinter dem Aeschenplatz in Basel zwiespältig. Die Frauengestalt kann man annehmen, strahlt sie doch eine leichtfüßige Behendigkeit aus.

Die vier Krieger – Fahnenträger, Hellebardier, Armbrustschütze und Steinewerfer - zu den Füssen der Helvetia jedoch sind für den heutigen Geschmack zu pathetisch und zu schwülstig.

Und vollends ärgerlich wirkt der Spruch unter der Helvetia: *Unsre Seelen Gott – Unsre Leiber den Feinden.*

Doch bildet das Schlacht-Denkmal in Basel immer noch einen gelungen Abschluß der baumbestandenen St. Jakobs-Straße. Und als Monument für den Historismus der Gründerzeit kann man die Gedenkstätte gelten lassen.

Der Betrachter stört sich vielmehr an dem folgenden Umstand: Wie konnte die Stadt Basel eine Schlacht für sich einheimsen, an welcher sie nicht beteiligt war?

Abbildung 7: Belpberg BE: Der Kennedy-Gedenkstein

Die Inschrift ist heute kaum mehr lesbar.

Foto: Autor, 21.5.2014

Ein obskures Denkmal, hoch über dem Aaretal

Der Belpberg ist ein markanter, gegen Norden, Osten und Westen steil abfallender Hügel südöstlich von Bern. Er trennt das Aaretal von jenem der westlich gelegenen Gürbe. Nördlich von Belp mündet dieses Flüßchen in die Aare.

Vom höchsten Punkt des Belpbergs, dem fast 900 Meter hohen Chutzen, hat man eine schöne Aussicht auf einen zentralen Teil des Bernbiets.

Chutz oder Chutzen heißt die Anhöhe, weil dort in altbernischen Zeiten eine Hochwacht stand, mit einem vorbereiteten Holzstoß, den man im Falle eines Alarms anzündete, um die Umgebung auf eine allgemeine Gefahr aufmerksam zu machen.

Chutz ist übrigens ein hebräisches Wort, welches *Draußen* bedeutet: Das vorbereitete Wachtfeuer befand sich bekanntlich draußen vor der Hütte des Warts.

Ein alter Baum steht auf dem Chutzen des Belpbergs, der ein beliebtes Ausflugsziel ist. So findet sich auch gleich unterhalb der Erhebung ein Restaurant.

Neben dem Baum auf dem Chutz, heute von Gebüsch halb verdeckt, entdeckt der Besucher einen mannshohen Gedenkstein, wie eine überdimensionierte Grabplatte aussehend.

Auf der gegen Osten glatt polierten Seite liest man:

In ehrendem Angedenken dem unvergeßlichen Präsidenten der USA

John F. Kennedy

Gewidmet 1964

Vereinigung Pro Libertate

Der Wanderer staunt, mitten in der Berner Landschaft, auf luftiger Höhe, mehr als 350 Meter über dem Talboden, einen Gedenkstein an einen vor fünfzig Jahren ermordeten amerikanischen Präsidenten zu finden.

Mit diesem sonderbaren Denkmal hat es folgende Bewandtnis:

1957 wurde in Bern die antikommunistische, militärfreundliche Vereinigung *Pro Libertate* (Für die Freiheit) gegründet. Sie entstand als Reaktion auf die Niederschlagung des Volksaufstands in Ungarn im Spätherbst 1956 durch die Sowjets.

Jenes Ereignis hat die damalige Schweiz tief aufgewühlt. Es gab Sammlungen für das ungarische Volk, man gedachte der Ereignisse mit einer Schweigeminute und das Land hat in der Folgezeit etwa 10'000 Emigranten aus Ungarn aufgenommen.

Der Hass auf den Kommunismus erreichte in dieser Zeit in der Schweiz einen Höhepunkt. Auf dieser emotionalen Woge war die Gründung eines besonderen Vereins gegen die vermeintliche Gefahr aus dem roten Osten leicht zu verstehen.

Eine Vereinigung muß auch immer für Aktivitäten sorgen, um ihre Existenz und ihren Zweck zu rechtfertigen.

Die Ermordung von US-Präsident John F. Kennedy im November 1963 in Dallas, Texas erschütterte die ganze Weltöffentlichkeit. Sogar die Sowjetführer fuhren zur amerikanischen Botschaft in Moskau, um sich im Beileidsregister einzutragen.

Auf den allgemeinen Sympathien für den ermordeten Präsidenten der USA reitend, handelte die Berner und Schweizer Vereinigung *Pro Libertate*. Also ließ sie 1964 den noch heute bestehenden Gedenkstein aufstellen. Der Gemeindepräsident – Belpberg war vor 2012 eine eigene Gemeinde – konnte zu der schlichten Einweihung aufgeboten werden, ebenfalls der damalige amerikanische Botschafter in der Schweiz.

Die oben genannte Vereinigung hatte wirklich in einem für Denkmäler außergewöhnlichem Tempo gehandelt: Der Gedenkstein für Kennedy auf dem Chutzen des Belpbergs wurde im Oktober 1964 eingeweiht, also weniger als ein volles Jahr nach der Ermordung des Präsidenten!

Was ist aus heutiger Sicht zu dem obskuren Denkmal zu sagen?

Kennedy wurde in den folgenden Jahrzehnten zu einer allgemein anerkannten und populären Figur. Sogar die Souvenir-Industrie ritt auf dieser Welle mit und fertigte zum Beispiel kitschige Zierteller an mit dem Porträt jenes Präsidenten.

Und wenn man in einer Schweizer Schule einen Vortrag über eine vorbildliche Person vorbereiten mußte, so wählten sicher mehrere jenen amerikanischen Präsidenten – neben Albert Schweizer, Martin Luther King und Nelson Mandela.

Die Meinungen haben sich heute geändert. Immer stärker werden die Hinweise, daß Kennedy nicht von einem Einzeltäter, sondern von einer verschwörerischen Gruppe erschossen wurde.

Und die Person von Kennedy hat ebenfalls ein paar diskutable Seiten bekommen. Daß er ein notorischer Schürzenjäger war, mag man übersehen. Unbestreitbar war der persönliche Ehrgeiz jenes Politikers. Doch dabei übersah man die gesundheitlichen Probleme Kennedys. Sein demonstrativer Aktionismus, sein Vorwärts zu neuen Horizonten, war teilweise durch die aufputschenden Medikamente bedingt, die er gegen seine Rückenschmerzen täglich einnehmen mußte.

Sicher ist Kennedy gegen den Kommunismus und die Machtansprüche Moskaus aufgetreten. Auch sein Einstand für das bedrängte Westberlin nach dem Mauerbau 1961 ist ihm hoch anzurechnen.

Doch muß man betonen, daß die ganze amerikanische Politik nach 1945 antikommunistisch orientiert war. Wenn *Pro Libertate* deshalb Kennedy als Gallionsfigur gegen die rote Gefahr auswählte, ist das einseitig.

Die Vereinigung *Pro Libertate* gibt es noch heute. Fritz von Gunten hat für die Vorarbeiten für sein Buch über Denkmäler im Kanton Bern auch die Köpfe jenes Vereins nach ihrer heutigen Meinung zu dem Gedenkstein auf dem Belpberg befragt. Es ergab sich, daß man dort nicht mehr gerne über jenes Monument sprechen will.

Auf jeden Fall wirkt der Kennedy-Gedenkstein auf dem Belpberg übereilt aufgestellt und das Motiv diskutabel.

Auf dem Belpberg bei Bern steht man vor einem obskuren, halb vergessenen Gedenkstein. Dabei kommen jedoch viele zeitgeschichtliche Gedanken, Erinnerungen und Gefühle hoch.

Die Inschrift auf dem Stein ist übrigens heute kaum mehr lesbar. Vielleicht ist das gut so.

Für den Autor stellt der Kennedy-Gedenkstein ein Kuriosum dar. Am Belpberg zum Beispiel interessieren ihn mehr zwei Burgstellen: die Hohburg im Norden oberhalb von Belp und die Kramburg im Südwesten oberhalb von Gelterfingen.

Abbildung 8: Bern: Das Denkmal für Adrian von Bubenberg

Foto: Autor, 17.7.2014

Man soll den kommenden Krieg nicht fürchten

Die erfundene Berner Geschichte kreist im Wesentlichen um die beiden Schlachten von Laupen und Murten. Besonders die letztere ist gut ausgearbeitet worden zu dem imposanten Gemälde der Burgunderkriege gegen Karl den Kühnen.

In beiden Kriegen gab es zwei Parteien. Auf der einen Seite einen die Bubenberg, auf der anderen einen die Erlach oder die Diesbach. Die Bubenberg spielten dabei die Rolle der Konservativen, der Altgläubigen – und auch die der Verlierer.

Vor dem Laupenkrieg wurde ein Johann von Bubenberg aus dem Rat gestoßen und aus der Stadt verbannt. Das gleiche passierte dem Adrian von Bubenberg vor den Burgunderkriegen.

Doch der Verlierer durfte sich danach noch kriegerisch für die Stadt Bern bewähren: Johann von Bubenberg bekam im Laupenkrieg die Verteidigung des Städtchens Laupen gegen die Feinde im Westen zugesprochen.

Und Adrian von Bubenberg wurde in der Geschichte als Verteidiger Murtens gegen das Burgunderheer von Karl dem Kühnen berühmt.

Während sieben Tage soll Adrian alle Angriffe der 100'000 (!) Feinde gegen die Mauern des Städtchens abgewehrt haben – bis das bernische und eidgenössische Ersatzheer eintraf, die Feinde schlug und Murten befreiten.

Eine kritische Anmerkung zu den Geschichten von Laupen und Murten soll schon hier gemacht werden: Weshalb läßt sich ein überlegenes feindliches Heer durch die Belagerung eines Kleinstädtchens aufhalten, statt geradewegs auf Bern zu marschieren?

Aber wir haben es hier mit christlicher Glaubensgeschichte zu tun, nicht mit realen Begebenheiten.

Adrian von Bubenberg ist mehr eine christliche Märtyrerfigur, denn ein kriegerischer Held. Also habe er sogar den berühmten Einsiedler Niklaus von Flüe besucht. Und Adrian soll auch eine Wallfahrt nach Jerusalem gemacht haben und dort zum Ritter des heiligen Grabes geschlagen worden sein.

Einige Jahre nach Murten sei Adrian, den sonderbarerweise immer Geldsorgen plagten, an der gottgesandten Seuche der Pest gestorben.

Von den christlichen und problematischen Charakterzügen des Adrian von Bubenberg ist im Laufe des 19. Jahrhunderts nicht viel übriggeblieben. Der patriotische und kriegerische Zeitgeist sah in dem Helden von Murten eine große Figur der altbernischen Geschichte.

Und weil Rudolf von Erlach als Sieger von Laupen schon 1847 ein Denkmal in Bern bekommen hatte, so mußte man aus Gründen der Gleichwertigkeit auch den Adrian von Bubenberg berücksichtigen. Hier wirkte bereits *die Eigendynamik des Denkmalkults* (G. Kreis, 101).

Das Vorhaben eines Denkmals für Adrian von Bubenberg in Bern begann 1888. Die Finanzierung war kein Problem. Doch die Frage, ob man den Helden zu Fuß oder zu Pferd darstellen solle, spaltete die städtische Meinung in zwei Lager.

Schließlich wurde beschlossen, Adrian von Bubenberg zu Fuß abzubilden. Der Solothurner Künstler Max Leu erhielt den Zuschlag.

Doch auch der zweitprämierte Entwurf ist erhalten geblieben und findet sich heute im Schloßhof von Spiez aufgestellt.

Endlich 1897 konnte das Standbild für Adrian von Bubenberg auf dem gleichnamigen Platz vor dem Burgerspital mit großem Pomp eingeweiht werden.

Gegen Ende der 1920er Jahre machte die Verlegung von Tramgeleisen auf dem Bubenbergplatz eine Verschiebung des Bubenberg-Denkmals nötig. Das gab wiederum Anlaß für heftige Diskussionen in den Zeitungen. Einige wollten Adrian in der Nähe des Zeitglockenturms aufstellen. Doch schon damals wurden Stimmen laut, das Erinnerungsmal verschwinden zu lassen.

Schließlich fand Adrian von Bubenberg in der Nähe des Platzes einen neuen Aufstellungsort. Seit Mai 1930 steht das Denkmal zuoberst auf der Hirschengraben-Promenade, nach Norden blickend. Bäume rahmen es ein und mildern den monumentalen Charakter des Standbilds.

Das Bronzebild stellt den Helden in einer Ritterrüstung dar, vorwärtsschreitend, die rechte Hand auf ein Schwert gestützt, die linke Hand mahnend oder besänftigend nach vorne haltend.

Das Porträt zeigt merkwürdigerweise einen jugendlichen Krieger mit einer Pagenfrisur. Dabei war der Verteidiger von Murten damals angeblich schon im reifen Mannesalter.

Die Monumentalität des Denkmals ergibt sich nicht nur durch die überlebensgroße Figur, sondern auch durch den konischen Sockel mit seinen mehrfachen Abtreppungen und Simsen gegen unten.

Zu Füssen des Helden ist auf der unteren, nördlichen Seite des Sockels eine bronzene Ansammlung von Schlag- und Stichwaffen mit einem zentralen Helm angebracht.

Ebenso wie die ausladende Größe des Denkmals fallen zwei Inschriften, richtige Slogans auf, die am Sockel zu beiden Seiten des Helden angebracht und überdeutlich lesbar sind:

Solange in uns eine Ader lebt, gibt keiner nach.

Mein Leib und Gut ist euer Eigen bis in den Tod.

Das Bubenberg-Denkmal atmet in seiner Ganzheit den Geist des ausgehenden 19. Jahrhunderts. Das gründerzeitliche Pathos ist hier ins Monumentale, fast schon Unheimliche gesteigert.

Die beiden Inschriften wirken störend: Hier werden Heldenmut, Todesverachtung, Heroismus und andere militärische Tugenden beschworen.

Man erinnert sich an den Ausspruch von Bismarck in den 1870er Jahren: *Wir Deutsche fürchten Gott, aber sonst nichts in der Welt.*

Die angeblichen Tugenden, die das Bubenberg-Denkmal beschwört, führten weniger als zwei Jahrzehnte nach der Aufstellung in den Weltkrieg von 1914. Dort mußten viele Millionen Soldaten sterben, weil niemand nachgeben wollte und weil Todesverachtung als vaterländische Pflicht galt.

Das Standbild des Adrian von Bubenberg ist längst unpassend geworden.

Nun bildet die Gegend des Berner Bahnhofs heute ein neuralgisches Verkehrszentrum. Es existiert das Projekt einer neuen Fußgänger-Unterführung, die vom Hirschengraben unter dem Bubenberg-Platz hindurchführen und einen neuen unterirdischen Zugang zum Bahnhof bilden sollte.

Das Vorhaben würde eine erneute Verschiebung des Adrian von Bubenberg erfordern.

Aber soll man den Krieger Adrian überhaupt noch einmal verschieben oder gleich entsorgen?

Abbildung 9: Bern: Das Denkmal für Albrecht von Haller

Foto: Autor, 11.4.2014

Berns wissenschaftlicher Säulenheiliger

Im bernischen 18. Jahrhundert soll es einen Arzt, Wissenschaftler, Dichter, Schriftsteller und Beamten der Extraklasse gegeben haben: Albrecht von Haller, mit den angeblichen Lebensdaten 1708 – 1777.

Ob jener Mann wirklich „1708" geboren wurde, wußte nicht einmal er selber: Die heutige Jahrzählung mit vier arabischen Zahlen wurde nämlich erst nach der Mitte des genannten Jahrhunderts eingeführt. Vorher gab es keine uns überlieferte Zeitrechnung.

Albrecht von Haller war schon in seinen Anfängen ein Wunderkind: Mit zehn Jahren soll er eine chaldäische Grammatik verfaßt haben. – Leider weiß man noch heute nicht, was Chaldäisch für eine Sprache ist.

Mit fünfzehn Jahren soll Albrecht bereits in Tübingen Naturwissenschaft studiert und mit gut achtzehn Jahren in Leiden in Medizin promoviert haben. Ein Postgraduate-Studium in Basel in Mathematik und Botanik kam hinzu.

Doch auch die Schriftstellerei und die hohe Dichtung begeisterten den überaus talentierten jungen Mann. Mit dem nachmaligen Zürcher Gelehrten Johannes Gessner überquerte er als Zwanzigjähriger die Alpen und den Jura. Ergebnis dieser Wanderungen war sein Lehrgedicht *Die Alpen*, angeblich von „1729" – viel zu früh für eine aufklärerische Dichtung.

Mit 28 Jahren, im Jahre „1736", wurde Albrecht von Haller an der angeblich damals erst gegründeten Universität Göttingen Professor für Anatomie, Chirurgie und Botanik. Als solcher hätte er auch die Ehre gehabt, als Leibarzt des englischen Königs zu dienen.

Doch „1753" soll Haller trotz seines Ruhmes und seiner außergewöhnlichen Stellung freiwillig nach Bern zurückgekehrt sein.

In seiner Heimatstadt wollte man von Hallers phänomenalem Talent offenbar nichts wissen; seine Karriere ging abwärts: Zuerst erhielt Albrecht eine Stelle als Rathausammann – sagen wir besser als Abwart. - Und vergeblich bewarb sich der begnadete ehemalige Medizin-Professor als Stadtarzt und als Mitglied der Berner Räte.

Schließlich sei Albrecht von Haller zum Direktor der Salzbergwerke im waadtländischen Rhonetal ernannt worden. Darüber war der Gelehrte offenbar so glücklich, daß er wiederholte Berufungen an ausländische Universitäten, darunter wieder nach Göttingen ausschlug.

Am Ende seines Lebens hätte ihn sogar Kaiser Josef II. in Bern besucht.

Albrecht von Hallers Biographie ist also gebrochen: Ein schneller und märchenhafter Aufstieg, gefolgt von Abstieg oder bestenfalls unterem Mittelmaß in der zweiten Lebenshälfte.

Vor allem erstaunt bei dem Universalgelehrten Albrecht von Haller dessen stupende Arbeitskraft. Er soll insgesamt 50'000 Seiten verfaßt haben, darunter ein achtbändiges Werk über die Physiologie des Menschen und zehn Bände über Botanik, Anatomie, Chirurgie und praktische Medizin.

Neben seiner Wissenschaft hatte er offenbar noch genug Zeit, um ab „1745" jeden Tag eine Buchrezension – insgesamt 10'000 - zu verfassen. Und noch heute sind 17'000 Briefe von und an ihn erhalten.

Zudem besaß der Universalgelehrte Albrecht von Haller eine Bibliothek von 20'000 Büchern. Zum Vergleich: Goethe besaß nur etwa 5000 Bücher.

Zu guter letzt hat sich Haller auch schriftstellerisch im Sinne der damals herrschenden Aufklärung engagiert. Er schrieb Traktate gegen Rousseau und vergaß auch nicht, in einem Roman einen idealen Staat vorzustellen: *Usong, eine morgenländische Geschichte.*

Schon zu seinen Lebzeiten soll über Albrecht von Haller gemunkelt worden sein, er hätte auch zu Pferd gelesen und geschrieben.

Das Gerücht drückt aus, was jeder vernünftig denkende und richtig fühlende Mensch schließen muß:

Albrecht von Haller ist eine literarische und wissenschaftliche Kunstfigur. Ein einzelner Mensch konnte in einem Leben unmöglich so viele Dinge betreiben und so viele Artikel, Briefe, Rezensionen, Lehrbücher, Gedichte, Romane und Traktate schreiben.

Das Riesenwerk, das unter dem Namen Haller läuft, hat eine ganze Schreibstube von Gelehrten und Schriftstellern zusammengestellt.

Mit Albrecht von Haller hat sich das alte Bern einen wissenschaftlichen Säulenheiligen zugelegt.

Schon der Reformator Berns soll Haller geheißen haben. – Doch auch der große Albrecht gründete in Göttingen eine Kirche. Also war auch er zuerst als Erneuerer des Glaubens angelegt.

Der Unterricht und die Bildung seit dem Beginn des 19. Jahrhunderts waren darauf angelegt, doktrinäres Wissen einzutrichtern und kritische Fragen und Zweifel an dem vermittelten Wissen zu verscheuchen und zu unterdrücken.

Also sonnt sich Bern seit zwei Jahrhunderten an dem genialen wissenschaftlichen und schriftstellerischen Säulenheiligen, den es nicht gegeben hat.

Zu Beginn des 20. Jahrhunderts erbaute Bern ein neues Hochschulgebäude auf der Grossen Schanze. Dabei kam die Idee auf, neben den Heroen der Vorgeschichte auch den Universalgelehrten Albrecht von Haller mit einem Denkmal zu würdigen. Dieses sollte selbstverständlich vor der neuen Universität aufgestellt werden.

Aus dem Wettbewerb für ein Monument wurde das Modell des Luzerner Bildhauers Hugo Siegwart prämiert. Dieser hatte sich bereits 1899 für das noch bestehende Pestalozzi-Denkmal in Zürich ausgezeichnet.

Pünktlich zum angeblich 200-sten Geburtstag von Albrecht von Haller wurde 1908 ein Standbild von ihm auf der Grossen Schanze eingeweiht. Das Denkmal steht noch heute, allerdings versetzt: Während es zuerst vor dem Haupteingang der Hochschule stand, findet es sich heute seitlich im östlichen Teil der öffentlichen Wiese.

Albrecht von Haller steht auf einem Jugendstil-Sockel. Das Bronzebild des Verehrten ist konventionell im Stil des vergangenen Jahrhunderts: vorwärtsschreitend, in der Kluft des *Ancien Regime* hebt er sein rundes Kinn gegen den Himmel – als ob er nie aufhören könnte, den Dingen der Natur nachzuforschen.

Das Denkmal kann man sein lassen. Ärgerlich ist vielmehr die bislang allgemeine unkritische Betrachtung des wissenschaftlich-schriftstellerischen Supertalents Albrecht von Haller. Der Universalgelehrte hat im Zeitalter der Aufklärung gewirkt. - Heute wäre eine zweite Aufklärung nötig, um den Säulenheiligen Haller zu stürzen.

Albrecht von Hallers Riesenwerk ist sicher nach 1780 geschaffen worden, etliche Teile vielleicht erst im frühen 19. Jahrhundert. – Sein Sohn Gottlieb Emanuel soll Historiker gewesen sein. Aber an dessen Biographie stimmt auch nichts. – Und um 1790 begann Gottliebs Sohn, der Staatstheoretiker Karl Ludwig von Haller zu schreiben. – Der Autor hat über ihn vor über fünfundvierzig Jahren seine Dissertation verfaßt.

61

Abbildung 10: Bern: Das Denkmal für Berchtold von Zähringen

Foto: Autor, 22.6.2014

Der Zähringer-Kult und seine schmale Grundlage

Redet man in Freiburg im Üechtland, aber auch in Freiburg im Breisgau und vor allem in Bern von der Stadt und Stadtentstehung, so fällt bald der Name der Zähringer. Straßen, Gassen und Plätze, die nach ihnen benannt sind, sorgen für die Präsenz jenes Namens und eine allgemeine Bekanntheit.

Es soll im „Hochmittelalter" also ein berühmtes Herzogsgeschlecht gegeben haben, welches seinen Stammsitz auf einem Berg nordöstlich von Freiburg im Breisgau gehabt habe.

Fünf Herzöge von Zähringen soll es gegeben haben, die alle auf den Namen Berchtold hörten. Der Vierte soll die beiden Freiburg, der Fünfte Bern gegründet haben.

Der deutsche Kaiser gab den Zähringern angeblich das Rektorat, also die tatsächliche Herrschaft über Kleinburgund, das Gebiet der heutigen Westschweiz. Um das Land für sich zu sichern, hätten sie Städte gegründet.

Von jenem Herrschergeschlecht gibt es allerhand Merkwürdigkeiten zu erzählen. So soll ein Herzog im Jahre „1200" zum deutschen König gewählt worden sein, aber die Wahl ausgeschlagen haben.

Und als deutsches Herzogsgeschlecht sollen die Zähringer auch in Oberitalien, in der Umgebung von Verona Besitzungen gehabt haben.

„1208" habe man den letzten Herzog Berchtold von Zähringen im Wallis (!) mit Steinen erschlagen wollen, was aber mißlungen sei.

Doch „1218" – also nicht lange nach der Gründung Berns – sei das ruhmreiche Geschlecht der Zähringer ausgestorben. Doch es erlosch nicht wegen Kinderlosigkeit. Vielmehr hätten adelige Neider vorher die beiden Söhne von Berchtold V. vergiftet!

Der Zähringer-Kult den viele Städte in der Schweiz und in Süddeutschland pflegen, ruht auf einer schmalen Grundlage.

Grundsätzlich werden nur Bern und die beiden Freiburg als Zähringer-Gründungen anerkannt. Aber etliche andere Städte und Städtchen berufen sich auf „Zähringer Tradition".

Schon in den 1760er Jahren hat der Berner Geschichtsforscher Rudolf Walther eine Broschüre verfaßt, welche mit dem Märchen von der angeblichen Vergiftung der Söhne des letzten Zähringer Herzogs aufräumte. – Nur hat niemand die Schrift gelesen.

Die Mär vom angeblichen oberitalienischen Besitz der Zähringer schließlich enträtselt sich durch die Analyse als bloße Verwechslung der Geschichtserfinder: Verona ist die welsche Form für Bern. Die italienische Stadt hieß Welsch-Bern, die Stadt an der Aare Deutsch-Bern.

Die Zähringer wurden geschaffen, damit gewisse Städte für sich Freiheiten behaupten konnten, die ihnen niemand gegeben hatte. – Und ebenso ließ man jenes sagenhafte Herzogsgeschlecht aussterben, als man es in dem fingierten Geschichtskonzept nicht mehr brauchen konnte.

In der vergleichenden Analyse erweist sich Berchtold als eine Parallelfigur zum biblischen Nimrod im Alten Testament: ein gewaltiger Jäger vor dem Herrn, aber auch ein großer Herrscher und Städtegründer.

In der griechischen Mythologie entspricht dem Nimrod, damit Berchtold, der große Jäger Orion: Seine Mutter wird von Diana aus Rache in eine Bärin verwandelt. Später tötet Orion unabsichtlich seine Bären-Mutter.

Bekanntlich erlegt Berchtold an der Stelle der späteren Stadt eine Bärin.

Und ausdrücklich bezeichnet Berchtold das von ihm gegründete Bern als eine Rachegründung wider den Adel, der ihm seine Nachkommenschaft vergiftet hatte.

Auch die Gestalt des Schwyzer Nationalhelden Wilhelm Tell hat etwas von Orion und Nimrod, damit von Berchtold.

Wir fassen zusammen: Berchtold ist Orion oder Nimrod, ein Jäger, Herrscher, Städtegründer, Bärentöter, um die wichtigsten Elemente in den verschiedenen Geschichten zu nennen.

Der Name BERTOLD geht zurück auf lateinisch LIBERTATEM, *libertas* = Freiheit. – Und Zähringen ist eine Zusammenziehung aus den abgekürzten lateinischen Wörtern CHRISTUM NATUM = Christi Geburt.

Von einer Kritik an den Zähringern oder gar einer Analyse der Gestalt des Berchtold wollte man seit dem Beginn des geschichtsbegeisterten 19. Jahrhunderts nichts mehr wissen. Die ruhmreichen

Geschlechter und Fürsten einer legendären Vorzeit wurden für wirklich gehalten.

Also kam gegen die Mitte des 19. Jahrhunderts in der angeblichen Zähringer-Stadt Bern der Wunsch auf, dem legendären Stifter ein Denkmal zu setzen.

Es gab in Bern zwar seit langem einen Zähringer-Brunnen. Aber jetzt mußte ein richtiges Denkmal im Stil der Zeit her: ein Standbild auf hohem Sockel, mit einem Gitter ringsherum, an einem bedeutenden Ort in der Stadt aufzustellen.

Die konservative Burgerschaft, nicht die freisinnige Stadtregierung, trieb das Vorhaben eines Zähringer-Denkmals in Bern voran. Bereits im Mai 1847 konnte das überlebensgroße Standbild von Herzog Berchtold V. von Zähringen eingeweiht werden. Es kam auf die Münster-Plattform zu stehen.

Wie das Reiterstandbild von Rudolf von Erlach – beide standen nur wenige Dutzend Meter voneinander entfernt - wurde auch der Zähringer anfangs der 1960er Jahre an seinem bisherigen Ort als unpassend empfunden und weggeräumt. Und wie Rudolf fand auch Berchtold erst 1969 einen neuen Aufstellungsort: vor der Nydeggkirche, unterhalb der nördlichen Rampenmauer am westlichen Ende der Nydegg-Brücke.

Allerdings kürzte man dem legendären Städtegründer den Sockel. Auch brachte man die lateinische Inschrift nunmehr nicht am Denkmal, sondern an der Mauer an.

Der künstlerische Wert des Standbildes des Berner Zähringers will nicht überzeugen. Man steht vor einem helmlosen, aber gewappneten Krieger, mit entschlossenem, fast grimmigem Gesichtsausdruck, in der linken Hand den Knauf seines umgürteten Schwertes, in der rechten die zusammengerollte Gründungsurkunde der Stadt haltend. Hinter dem rechten Fuß des Herzogs macht ein kleiner Bär das Männchen.

Der legendäre Herzog muß offenbar zufrieden sein, an seinem neuen, wenig attraktiven Standort in Bern sein Gnadenbrot essen zu dürfen.

Nach einer alten Überlieferung soll der letzte Zähringer in den Schlund des Ätna gestoßen worden sein. – Man möchte jenes Sagengeschlecht und besonders das Bronze-Denkmal in Bern auch heute wieder dorthin schicken.

Abbildung 11: Bern: Das Denkmal für Rudolf von Erlach

Foto: Autor, 17.7.2014

Der Sieg des vaterländischen Geschichtsbewußtseins

Rudolf von Erlach ist in der Geschichtserfindung der Anführer der Berner in der Schlacht von Laupen, mit der Jahrzahl „1339" verbunden. Aus dem großen Wald, dem Forst, seien sie beim Bramberg-Hügel hervorgerannt, hätten das Zeltlager der sorglosen Belagerer überfallen und durch den raschen Sieg das belagerte Städtchen befreit.

Der Unterführer des patrizischen Anführers der Berner ist nicht weniger bedeutungsvoll. Es soll der Geistliche Diebold Baselwind gewesen sein. Weshalb ein Kleriker?

Die Laupen-Geschichte wird zwar schon in den ältesten Chroniken erwähnt. Aber dort soll es ein Kampf zwischen den Bernern und Freiburgern gewesen sein.

Der Chronist „Justinger" – hinter dem sich der Geschichtsschreiber Michael Stettler um 1770 versteckt - schuf das Bild des Laupen-Krieges: Es soll eine Auseinandersetzung zwischen dem bürgerlichen Bern und einer unbestimmten Koalition von adeligen Feinden aus dem Welschland gewesen sein.

Laupen ist zuerst nach der Matrix des trojanischen Krieges gestrickt. Und zum zweiten stellt dieser Konflikt eine Parallelität zur Schlacht von Murten dar:

Hier wie dort belagern adelige Feinde aus dem Westen ein bernisches Kleinstädtchen, liefern sich ein flottes Lagerleben, bis sie von den Bernern mit Zuzug der Waldstätte überrascht und vernichtend geschlagen wurden. Die Sieger machen große und wertvolle Beute. „Justinger" unterstreicht die Laupen-Beute, besonders die Fahnen.

Und die Murten- oder Burgunder-Beute ist legendär. Noch heute werden im Historischen Museum Berns flämische Tapisserien als „Burgundische Wandteppiche" gezeigt.

Vor Laupen also führte Rudolf von Erlach die Berner an. Doch auch vor Murten war ein Ulrich von Erlach der Unterführer.

Merkwürdig, daß die Berner weder den Sieg von Laupen noch jenen von Murten ausnützen konnten. Vielmehr mußten sie alle Gebietsgewinne wieder hergeben. Und in der Stadt kehrte Not und Elend ein.

Rudolf von Erlach selbst soll „1360" in seinem Schloß in Reichenbach an der Aare von seinem Tochtermann aus den Waldstätten mit einem Schwert durchbohrt worden sein. Der Mörder konnte sich trotz ihn verfolgenden Hunden durch den Wald retten. – Welch schreckliches Ende für einen Berner Patrizier!

An diesen Schlachten-Geschichten stimmt überhaupt nichts.

Die patriotische Stimmung seit dem beginnenden 19. Jahrhundert überging souverän diese Unstimmigkeiten und die Parallelen in der historischen Überlieferung. Für sie wurde Rudolf von Erlach zu einem stolzen Sieger in der Schlacht, in welcher die Stadt Bern ihre endgültige Freiheit errang.

1824 wurde in Bern zum ersten Mal für ein Rudolf von Erlach-Denkmal gesammelt. Doch der erste Anlauf versandete.

Die Gedenkfeier zum „500-Jahrestag" der Schlacht 1839 weckte nicht nur den Wunsch nach einer Erinnerungsstätte auf dem Bramberg nordöstlich von Laupen, sondern auch nach einem Denkmal für den Anführer jenes legendären Kampfes.

Der Bildhauer und Professor Joseph Volmar unterbreitete ein paar Jahre später einen ersten Vorschlag. Doch sowohl der Burgerrat wie die Behörden verhielten sich zurückhaltend.

Die Reserve der freisinnigen Berner Kantonsregierung war politisch begründet: Die Denkmal-Idee entstammte dem Lager der Konservativen.

Erst 1847 gelang der Durchbruch: Ein Mäzen garantierte für die Finanzierung eines Erlach-Denkmals in Bern, und man entschied sich endgültig für ein Reiterstandbild.

Als letztes führte der Standort des Denkmals für hitzige Diskussionen. Schließlich wurde der Münsterplatz für gut befunden.

1849 wurde der reitende Rudolf von Erlach feierlich enthüllt.

Über ein Jahrhundert also stand das Denkmal mitten auf dem Münsterplatz in Bern.

Doch nach der Mitte des 20. Jahrhunderts mehrten sich kritische Stimmen zum Standort. Vor allem schien es merkwürdig, daß der Schlachten-Sieger auf den Eingang des Münsters zuritt. Sollte er nicht eher gegen Westen oder gegen Südwesten, also gegen Laupen schauen?

Zudem machte sich die Meinung breit, daß man den Platz vor dem Berner Münster freihalten sollte.

1961 wurde der Rudolf von Erlach vom Münsterplatz abgeräumt. Doch einen neuen Standort fand man vorerst nicht.

Eine lebhafte Diskussion über einen neuen Platz für den Helden entfachte sich, mit vielen Leserbriefen in den Zeitungen.

1969 fand das zwischengelagerte Denkmal einen neuen Standort auf der baumbestandenen Grabenpromenade unterhalb des Kornhausplatzes in Bern. Hier reitet Rudolf von Erlach auch gegen Westen, so wie man es für richtig hielt.

Die Reiterfigur wurde aus eingeschmolzenen Kanonen gegossen, die vier bronzenen Bärenfiguren, welche die Basis umgaben, hat man in Frankreich bestellt.

Auf vier Stufen steht das Postament, welches das Pferd mit dem Reiter trägt. Rudolf von Erlach hält dabei die rechte Hand ausgestreckt und eine Fahne haltend. Im Stil der Zeit trägt der Feldherr eine Halbrüstung mit Helm und Federbusch.

Am neuen Standort kann das Denkmal zweifellos besser geschätzt werden. Die Reiterfigur strahlt eine selbstbewußte Frische aus, wirkt weder monumental noch kleinlich. Und der Standplatz inmitten einer baumbestandenen Promenade bettet die Figur sicher besser ein als früher auf dem steinernen Münsterplatz.

Der selbstbewußte liberale Zeitgeist scheint bei dem Rudolf von Erlach-Denkmal durch; aber noch mehr das gestärkte patriotische Bewußtsein Berns nach der Regeneration und der eben erfolgten Gründung des Bundesstaates.

Rudolf von Erlach hat sich im bernischen Bewußtsein fest verankert und ist sogar volkstümlich geworden: An der Ecke zwischen Hirschengraben und Laupenstrasse gab es bis anfangs der 1980er Jahre ein Restaurant, bis 2010 am Aareufer bei Herrenschwanden einen Landgasthof mit seinem Namen. – Und eine liberale und patriotische Berner Studentenverbindung feiert jedes Jahr im Juni einen Anlaß um die legendäre Laupenschlacht und ihren patrizischen Anführer.

2014 hat man die Bronzeteile des Rudolf von Erlach-Denkmals neu poliert. Also widerspiegelt das Monument in neuem Glanze den historischen Geist des Berns der 1850er Jahre.

Abbildung 12: Bern: Die Brunnenfigur des Ryffli

Foto: Autor, bearbeitet

Wie hieß der berühmte Armbrustschütze?

Die Brunnenfiguren der alten Städte stellen eine wertvolle Geschichtsquelle dar. In den Darstellungen kristallisieren sich historische Vorstellungen und religiöse Mythen.

Beliebt als Figuren waren unter anderem der Mohrenkönig, Moses und Personifikationen der Tapferkeit und der Gerechtigkeit.

Die Altstadt von Bern ist besonders reich an Brunnenfiguren. Es gibt den Läuferbrunnen, den Gerechtigkeitsbrunnen, den Kindlifresser-Brunnen, den Pfeiferbrunnen, Vennerbrunnen, Schützenbrunnen, Simsonbrunnen, Mosesbrunnen und Zähringerbrunnen. - In der Spitalgasse stand einst ein Davidbrunnen.

Diese Figuren entstanden im Zuge der literarischen Geschichtserfindung, die um die Mitte des 18. Jahrhunderts begann. Denn es ist einsichtig, daß ein Simson oder ein Moses erst dargestellt werden konnten, nachdem die schriftlichen Quellen, die Bibel, die Chroniken und die Heldenbücher vorlagen.

Auch Wilhelm Tell kommt als Brunnenfigur vor. In Schaffhausen hat sich eine solche erhalten.

Auch Bern hat einen Tell-Brunnen, dem wir uns hier widmen.

In der Aarbergergasse steht ein Figurenbrunnen mit zwei länglichen oktogonalen Brunnentrogen.

Der fremde Betrachter sieht einen typisierten bärtigen Wilhelm Tell als Brunnenfigur, mit polychromer Bemalung, in Schützenkostüm und Barett mit Feder, eine geschulterte Armbrust tragend. Die rechte Hand hält er auf einen Stab gestützt, den er zum Spannen seiner Waffe braucht. Auf dem Rücken in einem Köcher trägt Tell die Bolzen, daneben den Hirschfänger. Zu seinen Füssen findet sich ein aufrechtstehender Bär, mit einer Steinschloß-Büchse bewaffnet.

Der Fremdenführer muß den neugierigen auswärtigen Betrachter gleich aufklären: Die Figur stellt nicht Wilhelm Tell dar, sondern den Schützen Ryffli.

Bevor wir uns den literarischen Hintergründen widmen: Welches ist der bildliche Unterschied zwischen Tell und Ryffli?

Wieder müssen wir die eidgenössische Geschichtserfindung in Erinnerung rufen. Diese basiert bekanntlich auf der Blaupause der Gründungs- und Befreiungsgeschichte Berns.

Also gründet Bern zuerst eine Burgundische Eidgenossenschaft, erringt in einer Schlacht seine endgültige Freiheit und bricht die Burgen der Zwingherren.

Und an ihrer Seite haben die Berner Eidgenossen einen wackeren Helden, der gleichzeitig ein guter Schütze ist. Er heißt Ryffli, ursprünglich *Nyffli* oder *Vifli*. – Der Name enthält *Neapel*. Das Anfangs-N ist zu einem R geworden, wie in den Ortsnamen Riffenmatt, Riffelberg und Rifferswil.

Der Berner Ryffli beging eine Heldentat zum Wohle seiner Stadt: Bei der Belagerung der Burg Burgistein im Gürbetal soll er den adeligen Schloßherrn, der unvorsichtigerweise zum Fenster hinausschaute, durch einen gezielten Schuß aus seiner Armbrust getötet haben.

Jetzt wird klar: Der Berner Armbrustschütze Ryffli stellt eine absolute Parallelität dar zu Wilhelm Tell in den Waldstätten. Mehr noch: Der Berner Held gab das Vorbild ab für den Innerschweizer Helden.

Ryffli und Tell sind ähnliche Figuren wie der Städtegründer Berchtold. Alle haben sie Züge des biblischen Nimrod und des griechischen Orion.

Also begreift man, weshalb die Tell-Figur von Schaffhausen und diejenige des Ryffli in Bern sich nicht unterscheiden.

Erst seit der Französischen Revolution und im 19. Jahrhundert bekam die Tell-Gestalt individuelle Züge als Tyrannenmörder und Freiheitsheld. – Das zeigen etwa die Tell-Skizze von Ernst Stückelberg und das Tell-Denkmal in Altdorf von Georg Kissling von 1895 (abgebildet in: Pfister: *Die alten Eidgenossen*). Auch das Tell-Gemälde von Ferdinand Hodler von 1897 ist zu erwähnen.

Die viel größere Verehrung für Tell führte dazu, daß sein Berner Pendant ins Hintertreffen geriet und fast vergessen wurde.

Dabei ist der Name Ryffli in Bern geläufig, auch als Brunnen in der Aarbergergasse.

Wie alle alten Kunstwerke wurden auch die Stadtbrunnen falsch- oder rückdatiert und mit einer Legende versehen.

Beim Ryffli-Brunnen in Bern stammen das Becken und die Säule aus der Mitte des 19. Jahrhundert. Aber die Figur und das Kapitel sollen „1545" von einem „Hans Gieng" geschaffen worden sein - ein Skandal!

Fast alle Brunnenplastiken in Bern und Freiburg werden dem genannten legendären Künstler Gieng zugeschrieben und in irreal frühe Zeiten versetzt, meist noch mit einer entsprechenden Jahrzahl am Brunnentrog.

Die Kunsthistoriker müssen umlernen und dürfen sich nicht mehr auf die Zeitangaben an den Monumenten, in den Archiven und Büchern verlassen.

Bei der Besprechung des Denkmals für Arnold von Winkelried in Stans werden wir lernen, daß auch jener Held ursprünglich in der Befreiungssage von Bern zu finden ist.

Ohne Bern gäbe es keine Gründungsgeschichte der Waldstätter Eidgenossenschaft.

Wilhelm Tell war ursprünglich Berner.

Eine letzte Bemerkung sei angefügt: Welche Gestalt ist bekannter auf der Welt: Ryffli oder Wilhelm Tell?

Ohne es zu wissen, gebührt hier Ryffli der Vorrang. Denn der Meisterschütze lieh der englischen Sprache auch das Wort für das Schießgewehr: In RIFLE springt klar der Berner Held heraus.

Bern hat also in einem gewissen Sinne auch weltweite Geltung erlangt.

Abbildung 13: Bern: Das Wehrmänner-Denkmal

Foto: Autor, 24.5.2014

Ein Sockel ohne Inspiration

Nach 1945 war der Wunsch, Denkmäler für die Wehrmänner, welche im Aktivdienst gestorben waren, nicht mehr so groß. Gegenüber der Zeit nach 1918 hatte sich im schweizerischen Volksbewußtsein etwas verändert.

Häufig löste man die Frage eines Gedenkens für die verstorbenen Soldaten zwischen 1939 und 1945 so, daß man an bestehende Denkmäler Widmungen anfügte.

Bern hatte – etwa im Gegensatz zu Zürich mit seinem Forch-Denkmal – nach 1918 keine Wehrmänner-Gedenkstätte errichtet. Auch nach 1945 geschah zunächst nichts.

Dann nahte das Jubiläum des 50. Jahrestags der Mobilisation von 1914. Mehrere Berner Soldaten- und Offiziersgesellschaften machten Druck auf die Stadtregierung, etwas für eine Erinnerungsstätte zu unternehmen. Der Gemeinderat von Bern verhielt sich zurückhaltend, gab aber 1962 dem sanften Druck nach. Ein beschränkter Wettbewerb wurde veranstaltet, aus dem der Bildhauer Max Fueter mit seinem Entwurf eines freistehenden rechteckigen Steins als Sieger hervorging.

Auch die Standortfrage der Erinnerungsstätte war bald geklärt: die Allee zwischen Innerer und Äußerer Enge, nördlich der Innenstadt.

Bereits am 1. September 1964 – dem Gedenktag der Mobilmachung von 1939 – war es soweit. In einer „ergreifenden" Feier, mit Wehrmännern in Stahlhelm, mit Fahnen und einer Kranzniederlegung, dann mit einer zweiten Feier auf dem Bundesplatz in Bern, wurde das Denkmal eingeweiht.

Die Wehrmänner-Erinnerungsstätte bei der Inneren Enge in Bern besteht aus einem gut zwei Meter hohen rechteckigen und leicht konischen Stein aus Tessiner Granit, dem ein breiter Sims aufgesetzt ist. Auf der Breitseite gegen Norden liest man die leicht pathetische Inschrift:

Während der Grossen Kriege

1914 – 18

1939 – 45

haben wir die Grenze beschützt und mit Gottes Hilfe die Gefahr gebannt. Vertrauen und Opferwille gaben uns Mut. Einig und mit vereinten Kräften bewahren wir unsere Freiheit.

Die beiden Jahrzahlen der Weltkriege sind dabei in einen durch Relief hervorgehobenen Umriß der Schweiz hineingesetzt.

Die drei anderen Seiten der Stele sind leer belassen.

Kritik an der Formgestaltung des Denkmals gab es bereits im Vorfeld der Errichtung. Aber die Realisierung wurde durchgezogen.

Der Denkmalkult war anfangs der 1960er Jahre offiziell noch intakt, inoffiziell gab es schon Vorbehalte: Das Soldatendenkmal in Bern sollte durch Spenden finanziert werden. Doch die Geldsammlung hatte nur mäßigen Erfolg. Nach der Einweihung mußten Stadt und Kanton Bern wohl oder übel und zähneknirschend das Defizit decken.

Schon Karl Wälchli in seinem Buch von 1987 urteilt über das Wehrmännerdenkmal, daß es wohl kaum über Generationen künstlerischen Wert besitzen werde.

Die Erinnerungsstätte für die Soldaten des Aktivdienstes in den beiden Weltkriegen weckt beim Betrachter sonderbare Gefühle. Einerseits wirkt es unprätentiös, unauffällig und gut eingefügt in die schattige Allee neben dem Viererfeld zwischen Innerer und Äußerer Enge.

Das Denkmal selbst, der rechteckige Block mit seinem Gesims als Abschluß, erinnert an eine gedrungene Säule oder ein Pilaster im dorischen Stil. – Die stilistische Anspielung ist wahrscheinlich gewollt.

Vor allem aber stutzt der kritische Betrachter an der Gestalt des Monuments: Es ist – je nachdem wie man es nennen will – eine Stele, ein Sockel oder ein Piedestal. Doch wo ist die Statue geblieben? Wurde sie geplant, aber nicht ausgeführt?

Wir wissen aus der Entstehungsgeschichte des Denkmals, daß nur eine Stele vorgesehen war. Aber bewußt oder unbewußt meint man eben doch, daß etwas fehlt.

Man könnte sogar überlegen, was für eine Statue man hätte auf den Sockel stellen sollen: Vielleicht einen Wehrmann mit Mantel, Stahlhelm und Gewehr. Auch eine Helvetia oder eine Stauffacherin würde sich zieren.

Schon in der Zwischenkriegszeit hatte man oft Mühe, etwas Figürliches auf den Sockel einer Wehrmänner-Gedenkstätte zu setzen. Also findet man bisweilen nur zwei gekreuzte Bajonette und darauf einen Stahlhelm. – Auf einem Denkmal-Sockel liegt sogar nur ein Stahlhelm.

Aber eine Schildwache, wie früher in Les Rangiers im Jura, war in den 1960er Jahren trotz der offiziell noch intakten Wehr- und Armeebegeisterung nicht mehr möglich.

Man hat es bei dem Wehrmänner-Denkmal in der Inneren Enge in Bern mit einer halbfertigen oder einer nur teilweise ausgeführten Erinnerungsstätte zu tun. – Das Ende der offiziellen historischen Monumente kündigte sich dort an und wurde wenige Jahre später mit dem Guisan-Reiterstandbild in Lausanne manifest.

Daß an dem Denkmal in der Allee bei der Inneren Enge in Bern etwas fehlt, haben auch die Sprayer bemerkt: Die drei glatten Seiten des Sockels sind seit langem mit Schmierereien verunziert. Man mag das bedauern. Aber leere Flächen rufen nun einmal danach, mit Kunst oder mit Blödsinn bedeckt zu werden.

Abbildung 14: Bern: Das Welt-Telegraphen-Denkmal

Ansicht der Rückseite, von Südwesten.

Foto: Autor, 21.5..2014

Ein Gigantenkampf als Denkmal für die Telekommunikation

1865 wurde in Paris die internationale Telegraphen-Union gegründet mit dem Zweck, die Telegraphie weltweit zu fördern und zu vereinheitlichen.

Auf einer Konferenz in Lissabon 1905 beschloß diese Union, zur Erinnerung an die Gründung spätestens 1915 ein Denkmal zu errichten, zu welchem alle Mitglieder beitragen sollten.

Als Ort für diese Telegraphie-Erinnerungsstätte war zuerst Paris bestimmt. Gewisse unterschwellige französische Absichten führten jedoch dazu, daß man die Schweiz und deren Hauptstadt Bern auserkor.

Der Schweizer Bundesrat war es auch, der die Denkmalidee durchzog.

Aus einem Wettbewerb, an dem mehr als 200 Künstler teilnahmen, wurde die Idee des unbekannten italienischen Bildhauers Giuseppe Romagnoli ausgewählt, nämlich einen Figurenbrunnen.

Auch der Standort in Bern wurde der Stadt fast aufoktroyiert: der Helvetia-Platz südlich der Kirchenfeld-Brücke.

Das Denkmal sollte allegorischen Charakter haben und die völkerverbindende Bedeutung der Telegraphie versinnbildlichen.

In Form eines länglichen Blocks wurde eine Figurengruppe komponiert, mit einer sitzenden, nach Norden blickenden Frauenfigur in der Mitte. Deren ausgebreitete, fast segnende Arme berührten die Hände von fliegenden Viktorien-Figuren. Rund um den Denkmal-Riegel sind zwanzig Männer, Frauen und Kinder in einer dynamischen Anordnung versammelt.

Sowohl im Norden wie Süden ist dem Denkmal-Block eine Brunnenfläche vorgelagert.

Gegen die Realisierung dieses für schweizerische Verhältnisse kolossalen Monuments regten sich etwelche Widerstände von Einzelnen, aber auch von dem betroffenen Kirchenfeld-Quartier.

Nicht die Proteste, sondern der Erste Weltkrieg verhinderten die Fertigstellung des Denkmal-Monstrums.

Ende 1922 hatte sich die internationale Lage wieder so weit beruhigt, daß man das Monument einweihen konnte.

2002 wurde das Telegraphen-Denkmals auf dem Helvetia-Platz in Bern für 1,2 Millionen Franken renoviert. Da man nicht die Stadt Bern in die finanzielle Pflicht nehmen konnte, mußte wohl oder übel der Bund als Eigentümer diese Summe übernehmen.

Trotz der Monumentalität des Telegraphie-Denkmals wird dieses im Berner Alltag wenig wahrgenommen. Es wirkt wie entrückt. Zu Recht trägt deshalb eine wissenschaftliche Studie von 2000 über diese Erinnerungsstätte den Titel *Monument ohne Publikum.*

Der Helvetia-Platz ist nämlich eine leere Fläche, nur von Bus- und Tramlinien und dem Durchgangsverkehr benutzt. Es gibt keine private kommerzielle Nutzung rund um diesen sternenförmigen Platz: Im Süden steht das imposant aussehende, historisierend gestaltete Historische Museum der Stadt Bern und auf den anderen Seiten mehrere öffentliche und institutionelle Gebäude.

Für den kritischen Betrachter drückt das Denkmal eher eine militaristische, denn eine völkerverbindende Grundhaltung aus. Das sieht man auch an Einzelheiten der Figurengruppe. Dort gibt es zum Beispiel einen Mann, der seine Hand auf ein mächtiges Langschwert stützt.

Besonders von den Schmalseiten her wirkt das Telegraphie-Denkmal eher wie eine Erinnerungsstätte für die Helden eines Krieges.

Der unvoreingenommene Betrachter könnte meinen, das Telegraphen-Monument stelle eine Gigantomachie dar – gewissermaßen einen Berner Ableger des Berliner Pergamon-Altars.

Auch gewisse Einzelheiten am Welt-Telegraphen-Denkmal erstaunen.

So wird die sitzende Frauenfigur oft als Helvetia bezeichnet, weil das Denkmal an dem gleichnamigen Platz steht. – Oder man denkt an die römische Erntegöttin Ceres.

Und zu beiden Seiten der zentralen Frauengestalt sind Blöcke angeordnet, die wie Gesetzestafeln aussehen.

Auf der Rückseite des Telegraphen-Denkmals findet sich eine zentrale Inschrift in einem Rahmen. Dieses Element sieht paradoxerweise aus wie der Bildschirm eines Computers. – Hatte der Künstler eine hellseherische Begabung?

Immer wird gesagt, daß die moderne Telekommunikation das Leben erleichtert habe. Was also hat ein Gigantenkampf mit dieser technischen Revolution zu tun?

Und man überlege: Die Telegraphie gibt es seit mehr als einer Generation nicht mehr. Das Denkmal ist durch die Entwicklung der Telekommunikation obsolet geworden.

Das Monument am Helvetia-Platz ist mit einer fast zeitgleichen Erinnerungsstätte zu vergleichen: dem 1908 im Park der Kleinen Schanze in Bern aufgestellten Weltpost-Denkmal. Dieses wirkt durch die harmonische Verbindung von Bronze und Stein und die Einbettung in eine Teichanlage gelungen und erfreut das Auge.

Die Telegraphen-Erinnerungsstätte in Bern hingegen war von Anfang an unpassend. Sie blockiert durch ihre schiere Größe eine vernünftige Nutzung des Helvetia-Platzes.

Es gab schon mehrmals Pläne, jene große Fläche durch eine Neugestaltung aufzuwerten und zu beleben. Aber solange der monumentale Denkmal-Riegel erhalten bleibt, bleibt das schwierig bis unmöglich.

Die einzige spielerische Nutzung des Welt-Telegraphen-Denkmals ergibt sich durch Jugendliche, welche ab und zu auf den Simsen und den Bronzefiguren herumkraxeln.

Und warum vermietet man den „Bildschirm" auf der Südseite des Monuments nicht als Video-Werbefläche?

Abbildung 15: Bolligen BE: Das Denkmal für einen Oberförster im Sädelbachwald am Grauholzberg

Foto: Autor, 25,7,.2014

Ein unbekanntes Denkmal mitten im Wald

Unter den Denkmälern wird in diesem Buch auch jene Säule vor dem Grauholzberg bei Moosseedorf erwähnt werden. Diese erinnert an den letzten vergeblichen Abwehrkampf der Berner gegen die eindringenden Franzosen am 5. März 1798.

Doch der Grauholzberg und Grauholzwald zwischen Moosseedorf und Bolligen birgt einige Altertümer und Naturdenkmäler.

Nördlich unterhalb der höchsten Höhe des Grauholzes, dem Schwarzkopf, sieht man auf einem Geländesporn eine Erdburg. Von dieser ist der in Ostwest-Richtung verlaufende Abschnittgraben noch gut erhalten.

Westlich davon, am Fuße des Berges, findet sich die sogenannte Teufelsküche, im Dialekt *Tüfelschucheli* genannt. Es ist dies ein etwa vier Meter breiter Felsaufbruch in der Molasse, mit einer etwa zehn Meter hohen Rückwand. Am Fuß der Wand führt ein Stollen etwa siebzehn Meter in den Fels hinein.

Der Autor deutet diese Felsaufbrüche, von denen es in der Region Bern einige gibt, als Nischen, in denen einstmals hölzerne Götter- oder Götzenstatuen standen und die man von weitem sah. – In gewissem Sinne handelt es sich hier also um Denkmäler der „keltischen" Vorgeschichte.

Westlich der Teufelsküche, gibt es einen Menhir, genannt Bottis Grab. Um ihn rankt sich die Sage von dem Riesen Botti. Der Stein existiert noch; aber er wurde versetzt, weil er ins Trassee der Grauholz-Autobahn zu liegen kam.

Dann sind die Wälder des Grauholzberges und des Bantigers reich an Findlingen verschiedener Größe. Der verdiente Heimatkundeforscher Karl Ludwig Schmalz hat in seinem Ortsführer Bolligen auf einer Karte etwa achthundert Steine auf dem Gemeindegebiet eingetragen.

Als besonderer Block soll hier der schöne Schalenstein auf Flühboden, nahe der Grenze zwischen Bolligen und Mattstetten erwähnt werden. – Als Schalensteine bezeichnet man Findlinge, welche an der Oberfläche mit einer unterschiedlich großen Anzahl künstlich eingetiefter Schalen verziert sind. – Der Autor deutet diese als Marken einer alten Landvermessung.

Bei einer Waldbegehung vor über zwanzig Jahren fiel dem Schreiber im Sädelbachwald, dem östlichen Teil des Grauholzbergs, nordöstlich von Habstetten, ein Findling auf, der zu einem richtigen Denkmal ausgestaltet wurde.

Die Sädelbach-Erinnerungsstätte (Koordinaten: 605'515/204'910) besteht aus einem großen Block, in welchen auf eine geglättete Fläche eine Widmung eingemeißelt ist. Die im wörtlichen Sinne lapidare Inschrift besagt:

Fritz von Wattenwyl

Oberförster 1887 – 1892

Regierungsrat 1892 – 1897

Geb. 3. Oktober 1852

Gest. 16. August 1912

In den Akten würde man den Namen dieses Wattenwyl sicher finden. Aber als Person ist er vergessen, nur mehr durch diese Widmung präsent.

Das Besondere an dieser Gedenkstätte ist nicht die Inschrift, sondern die Ausgestaltung zu einem richtigen, einem klassischen Denkmal. Um den Block nämlich sind kreisförmig sechs Randsteine angeordnet, die eine umlaufende Kette tragen.

Man ist erstaunt, mitten in dem großen und recht einsamen Waldgebiet des östlichen Grauholzberges, auf über 700 Metern Höhe plötzlich auf ein solches Monument zu stoßen.

Einige Anwohner und die Förster werden das Denkmal wohl kennen, aber den übrigen ist es unbekannt.

Nun gibt es seit dem 19. Jahrhundert einen Brauch, wonach verdiente Forstmeister nach ihrem Tod eine Widmung auf einem Findling in ihrem früheren Aufsichtsgebiet bekommen.

Siebzig Meter östlich unterhalb der Sädelbach-Gedenkstätte, findet sich ein weiterer Findling, der ebenfalls eine Inschrift zur Erinnerung an einen Förster des 19. Jahrhunderts trägt, nämlich einen Forstmeister von Grafenried (!) = von Graffenried mit den eingemeißelten Lebensdaten 1793 – 1866.

In der genannten Waldgegend gibt es ungefähr zehn Findlinge, welche Widmungen an burgerliche Forstmeister tragen.

Und der bereits erwähnte Forscher Karl Ludwig Schmalz bekam nach seinem Tod 1997 ebenfalls eine Widmung, die an einem Findling am sogenannten Katzensteig, einer Geländeschulter südlich der Bantiger-Höhe angebracht wurde.

Die Sädelbach-Gedenkstätte mitten im Wald, mit den Randsteinen und der Kette, gehört zu den Denkmal-Kuriosa. Aber das Objekt fasziniert in einem gewissen Sinne. Die dort geehrte Person kann man vergessen, nicht aber das Monument. Es regt zum Denken an, gerade durch seinen außergewöhnlichen Standort in einem Wald.

Gleichzeitig zeigt das Objekt im Sädelbach auch, wie seit dem 19. Jahrhundert die ganze Landschaft, Siedlungen, Wiesen und Wälder, mit Denkmälern verschiedenster Art besetzt wurden.

Man kann sich auch fragen, ob es in unserer Landschaft genug erratische Blöcke gibt, welche man verstorbenen Forstmeistern widmen könnte.

Abbildung 16: Dornach SO: Das Schlacht-Denkmal

Foto: Autor, 12.6.2014

Jedem Stand seine Befreiungsschlacht

Der sogenannte Schwabenkrieg zwischen den Eidgenossen und dem Römisch-deutschen Reich hat möglicherweise einen realen Hintergrund. Die Jahrzahl „1499" kann man vergessen. Doch führte die Loslösung der jungen Schwurgenossenschaft von der Macht rechts des Rheins sicher zu einem Konflikt.

Von Basel bis Liechtenstein zieht sich längs des Rheins und rückwärts ein „spätrömisches" Befestigungssystem mit Wachttürmen, Brückentoren und Kastellen. Dieses weitläufige Abwehrsystem hatte sicher einen realen Hintergrund. - Wie weit es zu Kämpfen kam, ist unbekannt. Der genannte Schwabenkrieg schildert mehrere Gefechte und Geplänkel, die ein halbes Jahr gedauert hätten.

Nur eine einzige richtige Schlacht soll es in jenem Krieg gegeben haben, diejenige von Dornach, geschlagen angeblich an St. Magdalenen, also am 22. Juli 1499.

Die kaiserlichen Truppen sollen sich „im Sommer 1499" an einem Wochenende im südlichen Elsaß unter der Führung eines Heinrich von Fürstenberg versammelt haben. In zwei Tagen zogen sie an Basel vorbei vor die Feste Dornegg oder Dorneck bei Dornach.

Dorneck wurde vom Solothurner Vogt Benedikt Hugi mit bloß zwölf (!) Mann verteidigt. - Die Kaiserlichen begannen mit einer Belagerung, die aber offenbar nur einen Morgen lang dauerte. Und im Lager der Feinde herrschte Sorglosigkeit, so daß sie nicht merkten, daß ein solothurnisches Ersatzheer, verstärkt durch Berner und Zuzug aus den Waldstätten im Anmarsch war.

Die Schwyzer errangen vor Dornach einen schönen Sieg und machten zudem im Feldlager reiche Beute an Fahnen, Geld (!), Waffen und Geschützen.

Auch Dornach ist nach der Matrix von Troja gestrickt und folgt der Blaupause der alteidgenössischen Schlachten: Ein Heer unter der Führung von Fürsten belagert ein Burgstädtchen. Die Angreifer führen ein flottes Lagerleben. Die Eidgenossen entsetzen die Belagerten und erringen einen vollkommenen Sieg. Dabei machen sie reiche Beute – gleich ob die nun Burgunderbeute oder Dornachbeute heißt.

Dornach wurde zum sinnstiftenden Ereignis für den Stand Solothurn. Die Stadt, in welcher später der französische Ambassador bei der

Eidgenossenschaft residierte, legte Wert darauf, wie andere Orte eine Befreiungsschlacht vermelden zu können.

Die Dornacher Schlachtensage enthält etliche unverständliche logische Schwächen, welche die heutige Geschichtsforschung beschäftigen.

Worum es eigentlich ging, war nicht so recht klar, schreiben die Autoren in einer Gedenkschrift für Dornach von 1999. Das will so viel heißen wie: Das Ereignis wirkt reichlich aufgesetzt.

Weshalb zieht das kaiserliche Heer an der Stadt Basel vorbei und gegen die Festung Dorneck im Süden?

Da erinnert man sich, daß auch die Armagnaken „1444" an Basel vorbeizogen und die Eidgenossen bei einer Kapelle vor der Stadt stellten.

Und warum nutzen die Sieger den Erfolg nicht aus? – Im Gegenteil soll danach in der Gegend Hunger und Elend geherrscht haben.

Aber Dornach ist unzweifelhaft ebenfalls eine Jesus-Geschichte, was die Jahrzahl 1499 zeigt, welche neun Mal die Jesuszahl 11 enthält.

Ein religiöses Ereignis verlangte auch nach einem Gotteshaus.

Schon „1500" wurde in Dornach angeblich ein Beinhaus gebaut. Aber dieses erwies sich bald als baufällig und zu klein und wurde deshalb „1643" durch eine große Kapelle ersetzt, welche 1874 abgebrochen wurde.

An der Legende von diesem Beinhaus läßt sich zum wiederholten Male aufzeigen, wie versucht wurde, ein frühes und verfrühtes Baudatum zu begründen:

Gleich nach der Schlacht wird gebaut, aber eben zu klein und in schlechter Bauqualität. Damit soll verschleiert werden, daß die Dornach-Geschichte in Tat und Wahrheit im 18. Jahrhundert konstruiert wurde.

Neben einem Beinhaus soll bereits um 1775 ein erstes Denkmal für die Schlacht bestanden haben.

Weil die St. Magdalena-Kapelle 1874 dem Eisenbahnbau weichen mußte, hat man 1899 einen neuen kapellenähnlichen Bau errichtet. Letzterer Bau mußte fünfzig Jahre später dem heutigen Schlacht-Denkmal für Dornach weichen.

1949 wurde mit dem üblichen Pomp und dreitägigen (!) Feierlichkeiten die breite, vom Bildhauer Jakob Probst entworfene Denkmalwand eingeweiht.

Aus den zeitgenössischen Dokumenten erfährt man, daß die eben vergangene Bedrohung durch das nationalsozialistische Deutschland reales Motiv für die Errichtung der Erinnerungsstätte war.

Das Denkmal in Dornach, eine zweiundzwanzig Meter lange, geradlinig verlaufende Mauer, läßt zuerst an eine verkleinerte Wiederholung der monumentalen Reformations-Mauer in Genf denken. Zwischen Reformation und Krieg machten die Denkmäler seit langem keinen Unterschied mehr.

An der Kalksteinwand von Dornach sind drei Kriegergruppen herausgemeißelt: rechts der Aufmarsch der Schwaben, in der Mitte der Kampf und links der Anmarsch der Eidgenossen.

Merkwürdig mutet unten rechts eine liegende Männerfigur an. Man denkt an einen Flußgott.

Die Denkmal-Mauer folgt dem Südende des Gartens des ehemaligen Kapuzinerklosters. Die Reliefwand ist gegen Norden gerichtet, liegt also die meiste Zeit des Tages im Schatten.

Man kann dem Dornach-Denkmal nichts Sympathisches abgewinnen: Die Darstellungen der Flachreliefs sind sachlich, nüchtern, aber auch holzschnittartig mit ihren verzogenen Proportionen. Die Schwerter und Lanzen der Krieger sind dicker dargestellt als Fahnenstangen. - Das Monument wirkt gemacht, nicht gemußt. Es fehlt an Inspiration.

Der Platz vor der Erinnerungsstätte ist leer. Denn ein richterlicher Erlaß verbietet, ihn als Spielplatz zu benutzen.

Was gibt es sonst noch über das Monument von Dornach zu sagen? Es fallen ein paar einfältige Sprüche auf:

Die Edlen müssen bei den Bauern liegen. - Und neben dem Beinhaus liest man: *Ritter – Landsknechte - Fürstenbergs Heere. Sie fechten nun nicht mehr für Kaiser und Reich. Sie fechten rasenden Löwen gleich.*

Was soll man zu solchen unverständlichen Inschriften sagen?

Die Bewohner von Dornach ignorieren das Schlachtdenkmal wohl schon lange.

Abbildung 17: Genf - Genève: Das Reformations-Denkmal

Foto: Autor, 31.5.2014

Ein Memorial der Finsternis

Die Geschichte und die Zeitstellung der Reformation in Genf sind analytisch in zweifacher Hinsicht völlig unglaubwürdig.

Immer hat sich der Autor gewundert, weshalb Genf erst „gegen 1550" die Reformation eingeführt habe – also eine Generation nach der Glaubenserneuerung in Zürich und in Bern.

Nun, die angebliche Verzögerung in Genf erweist sich als Konstrukt späterer Geschichtsschreiber. Die ältesten Chroniken sagen ausdrücklich, daß die Reformation in allen drei eidgenössischen Orten gleichzeitig eingeführt wurde.

Die Reformation in Genf ist untrennbar mit dem Namen Jean Calvin verbunden. Dieser habe in jener Stadt ein strenges, düsteres und sogar grausames Glaubens-Regiment eingeführt. Der Calvinismus war demzufolge ein Vorläufer etwa des heutigen radikalen Islam.

Aber wie Luther und Zwingli, so erweist sich die Person von Calvin als erdichtet. Eine ganze Schreibstube wirkte offenbar an dem Porträt jenes protestantischen Kirchenvaters.

Besonders fällt auf, daß Calvin wie Zwingli beide je einen ebenso fähigen wie geradlinigen Nachfolger hatten. Bei Zwingli war es Bullinger, bei Calvin Theodor Bèze oder Beza.

Calvin schrieb eine Einrichtung des christlichen Glaubens in Latein, Beza eine mit gleichlautendem Titel in Französisch.

Wie andere protestantische Säulenheilige, so soll auch Calvin mit ganz Europa, von Schottland bis Siebenbürgen, in Briefkontakt gestanden sein. 2'000 Briefe sollen erhalten sein und ebenso viele Predigten.

Hat es die strenge calvinistische Reformation in Genf überhaupt gegeben? Daran darf füglich gezweifelt werden.

Als Genf kurz vor der Französischen Revolution aus dem Dunkel der Geschichte auftaucht, ist von Sittenstrenge und theokratischem Regiment jedenfalls nichts mehr zu spüren. Die Stadt hatte sich bereits als Zentrum der säkularen Wissenschaft, der Künste und als frühes Finanzzentrum bekannt gemacht. Necker, der letzte Finanzminister des französischen Königs vor der Revolution, war ein Genfer.

Und merkwürdigerweise brauchte Genf während dreihundertfünfzig Jahren kein Denkmal, weder für Calvin, noch für dessen Reformation.

Erst 1907 wurde in Genf eine Vereinigung für eine solche Erinnerungsstätte gegründet und ein Wettbewerb ausgeschrieben. Ein Projekt, genannt *Le Mur* wurde prämiert.

An die Mauer sollten Skulpturen kommen. Dafür wurde nochmals ein Wettbewerb gestartet. Diesen gewannen die beiden Franzosen Paul Landowski und Henri Bouchard.

Die hohen Kosten von damals 550'000 Franken kamen aus Genf und aus dem Ausland problemlos zusammen.

Also wurde die ursprüngliche Idee von mehreren Figurengruppen verwirklicht. Im Zentrum war es Wilhelm Farel, Calvin, Beza und – sonderbarerweise – der Schotte John Knox. Links und rechts der Kirchenväter des Calvinismus sollten gesamthaft sechs weitere Schutzherren und Förderer jener Glaubensrichtung dargestellt werden: Admiral Coligny, Kurfürst Wilhelm der Schweigsame von Nassau, Oliver Cromwell, Roger Williams und der Ungar Istvan Bocskay.

Der Krieg unterbrach zuerst die Fertigstellung des Denkmals. Doch 1917 konnte die Erinnerungsstätte für die Reformation in Genf dennoch mit dem üblichen Pomp eingeweiht werden.

Zwar gab es schon bei der Veröffentlichung des Projekts Einspruch gegen ein solches Denkmal. Man meldete Vorbehalte gegen die Errichtung von „Götzenfiguren" an und forderte eine sinnvollere Verwendung des gesammelten Geldes. Die Kritik konnte das Reformations-Denkmal in Genf jedoch nicht stoppen.

Bei der Einweihung hatten Stadt und Kanton noch eine eindeutige protestantische Mehrheit. – In den 1960er Jahren aber wies Genf durch die Zuwanderung aus dem In- und Ausland bereits eine Mehrheit von Katholiken auf. Und heute stellen die Christen insgesamt eine Minderheit dar gegenüber den Konfessionslosen und vor allem den Anhängern nichtchristlicher Religionen.

Das Reformations-Denkmal in Genf ist ein düsterer Ort, am nördlichen Ende der schönen, baumbestandenen *Promenade des Bastions* gelegen.

Zuerst könnte man meinen, man befinde sich an einer Schanzenmauer. Der Vergleich ist richtig: Das hundert Meter lange Memorial verläuft parallel zu der früheren Bastions-Mauer von Genf im Südwesten – daher der Name des Parks.

Das calvinistische Reformations-Memorial steht für eine gegen das Ende des 19. Jahrhunderts aufgekommene Tendenz: Nicht nur die weltlichen Denkmäler werden kriegerischer und düsterer, sondern auch die Erinnerungsstätten für religiöse Helden.

Die Denkmalwand dünkt einen beim ersten Anblick wie eine Erinnerungsstätte für die Gefallenen eines Krieges. – Aber das Memorial ist auch während des Ersten Weltkriegs eingeweiht worden.

So vielgestaltig die Denkmalwand gestaltet ist, so ist dieses doch durch die zentrale Figurengruppe der vier Reformatoren Farel, Calvin, Beza und John Knox bestimmt und zu beurteilen.

Die Gruppe wird auf jeder Seite von drei legendären weltlichen Fürsten flankiert, die etwas mit dem Calvinismus zu tun gehabt hätten. – Der Große Kurfürst und Wilhelm der Schweigsame finden sich darunter.

Die sechs flankierenden Fürsten sehen aus wie Schießbudenfiguren und wirken eher peinlich.

Eindrücklich wirkt die erwähnte zentrale Figurengruppe mit dem leicht hervorgehobenen Calvin als zweiter von links. Düster und ernst blicken diese Gestalten drein, mit ihren langen Talaren und den ledernen Mützen: Sind das Reformatoren des Glaubens oder erbarmungslose Scharfrichter?

Neben anderen Inschriften steht über die ganze Wand gezogen der lateinische Spruch *Post tenebras lux* = Nach der Finsternis kommt das Licht.

Aber die Seele des Betrachters will sich nicht erhellen. Doch ein Wort jener oben genannten Inschrift gibt das Motiv an, mit dem man das Genfer Reformationsdenkmal trefflich charakterisieren kann: Dieses ist ein Memorial der Finsternis.

Einzig die hellen, aus dem Burgund stammenden Steine des Denkmals mindern den düsteren Eindruck. Aber einen solchen monumentalen Greuel hat das weltstädtische Genf nicht verdient.

Abbildung 18: Giornico TI: Das Schlacht-Denkmal

Foto: Autor, 4.8.2014

Eine Erinnerungsstätte für die Alpen

Die Schlachtengeschichte der alten Eidgenossen „zwischen 1315 und 1515" ist nur im Überblick stimmig. Sobald man die Einzelheiten betrachtet, kommen die Ungereimtheiten und Absurditäten hervor.

Besonders die ennetbirgischen eidgenössischen Unternehmungen im Tessin und gegen Mailand stellen ein dauerndes Auf und Ab dar zwischen Siegen und Niederlagen.

1422 soll eine Belagerung von Bellinzona – Bellenz durch die Eidgenossen in der Nähe bei Arbedo ungünstig geendet haben. Und genau hundert Jahre nachher erlitten die Schwyzer – jetzt in ausländischen Diensten – die angebliche schwere Niederlage von Bicocca bei Mailand.

Die beiden genannten Geschichten sind numerologisch schön konstruiert: 1422 und 1522, mit der mittleren Jahrzahl 1472, ergeben mit ihren drei Querzahlen (9 + 14 + 10) die Zahl 33 – das Lebensalter Christi.

Solche Christogramme sind in der erfundenen Geschichte häufig anzutreffen.

„Ende 1478" sollen die Talleute der Livinen – Leventina, etwa 400 Mann, verstärkt durch 175 Urner von einer Unternehmung gegen Süden zurückgekehrt sein. Doch ein 10'000 Mann starkes Heer von Mailändern habe sich an ihre Fersen geheftet. Die Bergler legten bei Giornico einen Hinterhalt. Es kam zu einem Abwehrkampf, wobei 1400 Feinde erschlagen wurden oder im Tessin-Fluß ertranken.

Nicht genug des Sieges: Das gedemütigte Mailand mußte den Talleuten von Livinen und von Uri nachher 25'000 Gulden Kriegsentschädigung bezahlen.

Der siegreiche Rückzug von Giornico soll eine Generation danach die kurzzeitige Großmachtpolitik der Eidgenossen in Oberitalien ermöglicht haben.

Aber geschichtsanalytisch wissen wir nicht, wie das Tessin zur Eidgenossenschaft kam. Wurde dieser Teil des Südens den Schwurgenossen überlassen, damit sie die Alpenpässe bewachten? Oder steckt eine wirkliche Eroberung dahinter?

Das Ereignis von Giornico scheint vor allem eines zu beweisen: Es gab in grauer Vorzeit große Helden. Sie wagten es, sich auch einer erdrückenden Überzahl von Feinden entgegenzustellen.

Ein etymologischer Einschub sei erlaubt:

Giornico hat als abgegangenen deutschen Namen IRNIS. In beiden Bezeichnungen versteckt sich IRENÄUS, ein Kirchenlehrer und Märtyrer. – Vielleicht daß ein Zusammenhang besteht zwischen der Schlacht und dem Heiligen.

Es braucht nicht viel vergleichendes Gespür, um in dem Abwehrkampf bei Giornico eine Variante der Morgarten-Geschichte zu sehen, mit Anklängen an die Legende von der Opfertat der Spartaner bei den Thermopylen.

Doch blieb es dem 20. Jahrhundert, genauer der Zwischenkriegszeit vorbehalten, ein Denkmal für diese legendäre Heldentat, die sogenannte *battaglia dei sassi grossi* zu verwirklichen.

Der Vorstoß für eine Erinnerungsstätte für Giornico kam aus dem Kanton Tessin. Die Deutschschweiz machte kaum mit.

Aber auch in der Südschweiz anfangs der 1930er Jahre gab es Opposition gegen ein Denkmal: Die Sozialisten sahen darin eine Manifestation des Militarismus; die faschistischen Kräfte stießen sich an der Verherrlichung einer Niederlage gegen die Italiener.

Trotzdem konnte der Bildhauer Appolonio Pessina aus dem Südtessin eine Figur realisieren. Die Einweihung fand 1937 statt.

Das Denkmal für Giornico kam auf einer kleinen Anhöhe im Nordwesten des Ortes, rechts der Straße nach dem Gotthard zu stehen.

Das Monument ist aus einheimischem Granit gefertigt und zeigt auf einem quadratischen Sockel einen leicht bekleideten überlebensgroßen, muskulösen Mann, der in kniender heroischer Pose einen großen Felsblock bewegt, um ihn talwärts auf die anrückenden Feinde rollen zu lassen.

Auf dem Sockel findet sich neben der in römischen Ziffern geschriebenen Jahrzahl 1478 in zwei Teilen der berühmte Wahlspruch von Cicero *Virtute duce, comite fortuna.*

Das Motto erlaubt viele Übersetzungen. Hier trifft wohl am ehesten zu: *Mit Tapferkeit als Führer und Glück als Begleiter.*

In ihrem übertriebenen heroischen Pathos erinnert die Figur unangenehm an die Plastiken des italienischen Faschismus jener Zeit.

Und ist es ein Zufall, daß man auf dem Sockel das lateinische Wort DUCE auch italienisch lesen kann? – Wollte man um 1937 insgeheim Mussolini eine Botschaft schicken?

Wie schon gesagt, gab die Abwehr der irredentistischen Ansprüche des faschistischen Italiens auf das Tessin den wahren Anstoß zu dieser Erinnerungsstätte.

1940 wurde das Denkmal von Giornico auch als Motiv für eine Briefmarke verwendet.

Unterdessen sind viele Jahrzehnte vergangen. Der Denkmal-Heroe für den sagenhaften Abwehrkampf der Eidgenossen im oberen Tessin paßt nicht mehr richtig in die Zeit.

Der heutige Besucher, vom pseudogeschichtlichen Hintergrund unbelastet, fragt sich vielleicht, was dieses Denkmal in der wilden Gegend des oberen Tessins bedeuten soll.

Je länger die Zeit fortschreitet, desto weniger denkt man bei der Erinnerungsstätte von Giornico an eine Schlacht.

Man könnte die Bedeutung jener Figur heute uminterpretieren. Wäre es nicht ein passendes Denkmal für die Urbarmachung der Alpen? Schließlich mußte man in den Bergen, bevor man eine Wiese oder einen Acker anlegen konnte, zuerst Steine wegräumen.

Vielleicht könnte die Figur von Giornico auch für den anonymen Bergbauern stehen, der in harter Arbeit sein Brot verdient.

Oder stellt Giornico ein weiteres Denkmal dar zur Erinnerung an den Bau der Gotthard-Bahn, gleich wie jene in Airolo und in Göschenen?

Doch kein Reisender in der Leventina muß mehr fürchten, daß ihm der Held von Giornico Steine herunterwälzt: Der Autoverkehr rollt seit Jahrzehnten über die Autobahn; die Hauptstrasse ist verwaist. Und auch der Schienenweg – bei Giornico macht die Eisenbahn charakteristische Kehrtunnels – hat nur mehr wenig Bedeutung, seitdem der neue Gotthard-Basistunnel zwischen Erstfeld und Biasca in Betrieb ist.

Der Steine wälzende Gigant von Giornico konnte die wirtschaftlichen und technischen Veränderungen in jener Talschaft nicht aufhalten.

Auch Helden werden entbehrlich.

Abbildung 19: Küsnacht ZH: Das Wehrmänner-Denkmal auf der Forch

Foto: Autor, 11.6.2014

Ein Denkmal für den unbekannten Zürcher Soldaten

1920 regte die Zürcher Unteroffiziers-Gesellschaft ein schlichtes Denkmal für die während der Grenzbesetzung 1914 – 1918 verstorbenen Wehrmänner des Kantons an.

Also wurde ein Wettbewerb ausgeschrieben, welchen der Architekt Otto Zollinger gewann. – Aus der schlichten Idee war unterdessen ein Projekt geworden, das Monumentalität, Ernst und Würde ausstrahlen sollte, wie es bei der Prämierung ausdrücklich hieß.

Die Kosten von 60'000 Franken wurden durch verschiedene private, gewerbliche und öffentliche Beiträge gedeckt. Den Zuschlag für den Aufstellungsort bekam die Gemeinde Küsnacht, zu welcher das ausgewählte Grundstück auf der Forch-Höhe gehört.

Schon 1922 konnte das Wehrmänner-Denkmal auf der Forch unter Beteiligung von zehntausenden von Zuschauern eingeweiht werden.

Das Forch-Denkmal besteht aus einer achtzehn Meter hohen stilisierten ehernen Flamme. Diese ruht auf einem pyramidenförmigen Unterbau von elf hohen Stufen, die der besseren Begehbarkeit halber auf jeder Seite Zwischenstufen aufweisen.

Auf dem Sockel der Metall-Flamme – eigentlich einer höheren, letzten Stufe der Pyramide - ist folgende vollmundige Rundum-Inschrift angebracht:

Dies Denkmal baute das Zürcher Volk als Sinnbild seiner Opfer, die der Weltkrieg 1914 – 1918 zu des Vaterlandes Schutz forderte.

Kritische Stimmen gegen dieses für schweizerische Verhältnisse ungewöhnlich große Denkmal kamen schon bald auf. Man sagte, es symbolisiere nicht eine Flamme, sondern einen üblen Duft.

1954 bemerkte ein Architekt dazu: *Denkmäler wie die Bronze-Flamme auf der Forch bei Zürich sind kunstgewerbliche Veranstaltungen ins Leere.*

Nach 1945 wurde vorgeschlagen, das Denkmal auf der Forch durch eine Wand zu erweitern, die der im Aktivdienst 1939 – 1945 verstorbenen Soldaten gedenken sollte. Das Projekt wurde jedoch nicht verwirklicht.

Die Erinnerungsstätte auf der Forch macht einen gespaltenen Eindruck.

Das Monument besteht aus zwei heterogenen Elementen: der Metall-Flamme und dem pyramidalen Stufenbau.

Die stilisierte Flamme kann man trotz ihrer Monumentalität gelten lassen.

Einen verqueren Eindruck macht hingegen der steinerne Unterbau. Man glaubt hier auf einem anderen Kontinent, in einer anderen Kultur zu sein: Sieht dieser Sockel nicht aus wie eine Stufen-Pyramide der Azteken oder Mayas in Mittelamerika?

Was immer man in dem Unterbau sehen will: Er paßt nicht in die Landschaft, macht das Denkmal monströs und ungenießbar.

Man bekommt den Eindruck, daß der volkreichste und wirtschaftlich stärkste Kanton mit der Erinnerungsstätte auf der Forch seine Dominanz innerhalb der Eidgenossenschaft beweisen wollte.

Das Forch-Denkmal sieht aus wie ein Grabmal für den unbekannten Zürcher Soldaten. – Nur die Gasflamme am Fuße des Monuments fehlt.

Und wie mit den anderen Denkmälern für die Grenzbesetzung im Ersten Weltkrieg erstaunt, wie schnell, zügig und mit wenig Kritik diese Projekte durchgezogen wurden.

Vielleicht war man anfangs der 1920er Jahre der Meinung, nach dem eben vergangenen großen Völkermorden keinen Krieg mehr fürchten zu müssen.

Doch diese Denkmäler beweisen durch ihr Aussehen, daß man die Lektion des vergangenen Krieges nicht gelernt hatte: Wehrhaftigkeit, Wehrwille, Standhaftigkeit und andere militärische Tugenden werden gepriesen. Der Friede scheint nur ein Zwischenstadium zu sein, um neue kriegerische Kräfte zu sammeln.

Die Schweiz war im Weltkrieg 1914 – 1918 verschont geblieben. Doch die eidgenössische Politik war auf eine solche extreme Lage nicht vorbereitet.

Das Land blieb zwar neutral. Doch General Wille und viele Kreise sympathisierten offen mit den Mittelmächten. – Die sogenannte Obersten-Krise zeigte dies auf.

Und die soziale und wirtschaftliche Lage überforderte Regierung und Verwaltung. Der fehlende Lohnersatz für die mobilisierten Wehrmänner stürzte deren Familien in eine Notlage. Die Versorgung mit Getreide und Kohle konnte nur durch wenig würdige alliierte Kontrollen sichergestellt werden. Auch entstand eine merkliche Verstimmung zwischen deutscher und französischer Schweiz.

Von allen diesen betrüblichen Vorkommnissen erzählen das Forch-Denkmal und die anderen schweizerischen Erinnerungsstätten für den Ersten Weltkrieg nichts. - Und die Generation, welche diese Zeiten erlebt hat, ist längst ausgestorben.

Also was machen mit solchen Monumenten?

Abbildung 20: Lausanne: Das Denkmal für Major Davel

Foto: Autor, 13.4.2014

Wehe einem Rebellen gegen die Obrigkeit!

Die erste große Rebellion gegen die alte Herrschaft in den eidgenössischen Orten soll es „im 17. Jahrhundert" gegeben haben: der vorwiegend bernische Bauernkrieg von „1653". – Aber geschichtsanalytisch sind wir damals noch in grauer Vorzeit, aus der wir nichts wissen. – Und Bauernkriege finden sich überall in der erfundenen Geschichte eingefügt; man denke nur an jenen von „1525" in Schwaben, den ein Mann namens Luther verurteilte.

Im 18. Jahrhundert dann soll es an etlichen Orten in der Alten Eidgenossenschaft zu Erhebungen von Untertanen und unzufriedenen Bürgern gekommen sein.

„1781" sei es in der Freiburger Landschaft zur Revolte eines Nicolas Chenaux gekommen.

„1784" wird von einem Stäfener Handel am Zürichsee berichtet.

Schon „1755" habe es eine Erhebung der Talleute der Livinen – der heutigen Leventina – im oberen Tessin gegen die damaligen Herren, die Urner gegeben. Mehrere Anführer seien in Faido hingerichtet worden.

Und „1740" wird die Revolte des Jurassiers Pierre Péquignat gegen seinen Oberherrn, den Bischof von Basel in Pruntrut – Porrentruy angesetzt. In der dortigen Stadt soll der 71-jährige Aufrührer dann hingerichtet worden sein.

Der Stand Bern hatte offenbar besonders mit aufrührerischen Umtrieben zu kämpfen.

Das beste Mittel vor 1798 war es, die erfundene Geschichte mit gescheiterten Umsturzversuchen anzureichern.

Da soll „1749" ein gebildeter, geistvoller und wortgewandter Bürger namens Samuel Henzi versucht haben, das autokratische Regiment in Bern zu stürzen und die alten Freiheiten wiederherzustellen. Der Aufrührer und sein Plan seien verraten. Henzi und seine Mitverschwörer umgehend hingerichtet worden.

An der Henzi-Geschichte stimmt überhaupt nichts.

Der Name Henzi klingt übrigens klar an Rienzi an, einen Revolutionär im mittelalterlichen Rom. - Richard Wagner widmete ihm eine Oper.

Der deutsche Dichter Gotthold Ephraim Lessing hörte von der Henzi-Legende und schrieb darüber ein Drama. Aber letzteres kann erst etwa nach 1790 entstanden sein.

Auch im bernischen Waadtland kippte die Anhänglichkeit für die Regierung der Aare-Stadt offenbar schon lange vor dem Umsturz 1798.

Also wurde die Geschichte eines Majors Jean Daniel Abraham Davel erfunden. Dieser Mann von angeblich edlem, lauterem und einfachem Charakter, soll „1723" versucht haben, seine waadtländische Heimat den Bernern zu entreißen. Mit einer Truppeneinheit marschierte Davel in Lausanne ein und rief zur Erhebung auf. Aber niemand folgte ihm. Stattdessen alarmierte man Bern, welches den aufrührerischen Major verhaften ließ.

Zum Dank für die Loyalität der Stadt Lausanne hätten die Gnädigen Herren in Bern den Aufrührer dem dortigen Rat übergeben, der ihn folgerichtig verurteilte und hinrichtete.

Doch „1723" hatte das „Mittelalter" eben erst begonnen. Es gab noch keine Majors-Ränge und keine Gewehre.

Und um die Legende vollständig zu machen, langt es anzufügen, daß schon bei der Weinlese „1691" eine unbekannte Schönheit dem jungen Davel sein späteres Schicksal vorausgesagt hätte.

Zudem war das Waadtland ursprüngliches Berner Gebiet. Die Aare-Stadt lag am Rande des Waldgaus. Die Romanisierung der Waadt war ein Vorgang, dem man nur aus Indizien fassen kann. Es müssen die eingewanderten Hugenotten aus Frankreich gewesen sein, welche in der Westschweiz und im westlichen Jura der französischen Sprache zur Vorherrschaft verhalfen.

Die Davel-Affäre mutet aus geschichtsanalytischer Warte wie ein ungeschickter Versuch an, ein unruhig gewordenes Gebiet unter der angestammten Herrschaft zu behalten.

Im Januar 1798 verlor Bern die Waadt sang- und klanglos. Es bedurfte keiner Verschwörung und keines gewaltsamen Umsturzes.

Die Erinnerung an Davel blieb lebendig. Doch Regierungen und offizielle Gremien wollten ungern Revoluzzer und Aufrührer in Denkmälern verewigen.

Die Davel-Verehrung begann erst, als Historiker in Archiven glaubten, die wahre Geschichte dieses Mannes rekonstruieren zu können.

Ende des 19. Jahrhunderts wurde der legendäre Major Davel dann mit einem Erinnerungsort geehrt.

Vorbereitet wurde das Denkmal allerdings schon ab 1850. Damals schuf der Waadtländer Maler Charles Gleyre sein Monumentalgemälde *Die Hinrichtung von Major Davel*. – Das pathetische und unhistorische Bild fixierte das Porträt und das Aussehen der Statue vom Ende des 19. Jahrhunderts.

Das Bronze-Standbild für Davel wurde vom Bildhauer Maurice Raymond geschaffen und 1898 enthüllt. Es kam vor das Stadtschloß, das Château Saint-Maire – heute der Sitz der Waadtländer Kantonsregierung – in der Oberstadt von Lausanne zu stehen.

Die Bronzefigur des Major Davel vor dem Schloß von Lausanne ist überlebensgroß und stellt einen Mann im mittleren Alter dar, mit Schnauz und Perücke, in einem Waffenrock mit seitlichem Degen und hohen Reiterstiefeln – eben wie sich der Historismus einen Offizier des frühen 18. Jahrhunderts vorstellte. Seine Hände hält der Dargestellte dezent nach vorne. Er will offenbar in gemäßigtem Ton, aber bestimmt, seine Sache rechtfertigen.

Schützend hält in der Nische der Rückwand die Halbstatue einer fliegenden Nike – oder ein weiblicher Genius - ihre Hand über das Haupt des Aufrührers.

Soll man dem Major Davel glauben oder nicht? – Der Besucher nimmt das Denkmal zur Kenntnis, um anschließend, ohne sich groß Gedanken zu machen, weiterzuziehen.

Major Davel bewegt nicht, stört aber auch nicht.

Abbildung 21: Lausanne-Ouchy: Das Reiterstandbild für General Guisan

Foto: Autor, 13.4.2014

Ein Abgesang auf die Epoche der Denkmäler

Henri Guisan (1874 – 1960), der Oberbefehlshaber der Schweizer Armee während des Zweiten Weltkriegs, war eine untadelige Person, von seinem Charakter, seiner Art und seinem Handeln her.

Guisan steht in einem vollkommenen Gegensatz zu Ulrich Wille, dem General des Ersten Weltkriegs. Wenn letzterer kein Denkmal bekommen hat, so will das etwas heißen.

Guisan wurde schon während des Krieges zu einer nationalen schweizerischen Identifikationsfigur. Niemand zog seinen Leumund in Zweifel. Und niemand störte sich daran, daß man jemanden der welschen Minderheit zum Oberbefehlshaber der Armee gewählt hatte. Nicht einmal dem Ausland, dem nationalsozialistischen Deutschland, gelang es, den Ruf von Guisan zu beschädigen. Ein deutscher Versuch um 1942 mit kompromittierenden Dokumenten scheiterte.

Die Guisan-Verehrung setzte schon zu seinen Lebzeiten ein. Und nach seinem Tod profitierte auch die Souvenir-Industrie davon: Man sah sein Porträt auf unzähligen kolorierten Bildern, auf Ziertellern und sogar auf Aschenbechern.

Im Waadtland sieht man in älteren Wirtshäusern noch heute ab und zu ein Bild des Welschschweizer Generals hängen.

Allerdings waren die 1960er Jahre nicht mehr so denkmalfreudig, und paradoxerweise lebte Guisan im populären Bewußtsein mehr als in einer toten Erinnerungsstätte.

Aber das offizielle, schematisierte Denken funktionierte um 1960 noch nach dem bekannten Muster: Eine bekannte Person ist gestorben – also verdient sie eine Erinnerungsstätte aus Stein oder Metall.

Schon ein paar Tage nach seinem Tod 1960 kam die Forderung auf, ein Denkmal für General Guisan zu setzen. Ein Komitee wurde gebildet. Dieses sammelte innert kürzester Zeit die stolze Summe von 1,2 Millionen Franken für den geplanten Zweck ein.

Doch bis zur Einweihung des Denkmals vergingen ganze sieben Jahre – länger als der Zweite Weltkrieg gedauert hatte. Denn so einig man sich über die Person von Guisan war, so sehr stritt man sich über fast alle Einzelheiten einer Erinnerungsstätte. Das Ganze wurde zeitweise zu einem wahren Trauerspiel oder einer Schmierenkomödie.

Eine elfköpfige Jury wurde eingesetzt, mit einer komplizierten Zusammensetzung von Vertretern aus den verschiedensten Gremien. Und allein für genehme Vorschläge mußten drei Wettbewerbe ausgeschrieben werden. Endlich wurde 1964 der Zürcher Bildhauer Otto Charles Bänninger beauftragt, eine Reiterstatue zu entwerfen.

Die Art der Darstellung von General Guisan entzweite die Gremien ebenfalls. Hinzu kam die Frage nach dem Aufstellungsort. Man wünschte einen Platz im Stadtzentrum von Lausanne. Aber überall standen Parkplätze und Bauvorhaben im Wege. Also entschied man sich für die Seepromenade in Lausanne-Ouchy.

Und wieder wurde diskutiert, ob Guisan aufs Pferd gehöre. Als man den Entwurf sah, spottete die Presse über das Pferd mit Kamelschritt und mit einem Giraffenhals. Aber auch der Gesichtsausdruck des Generals, die Gestaltung der Hände und des Mantels wurden kritisiert.

Noch Ende 1966 schien die Guisan-Denkmal-Frage unentwirrbar und eine Aufstellung unsicher.

Nach langen Verzögerungen konnte das Reiterdenkmal von General Guisan endlich im Mai 1967 in Ouchy mit großem Pomp, mit Reden von Politikern, etwa 60'000 (!) aus der Schweiz angereisten Zuschauern und unter namhafter Beteiligung der Armee eingeweiht werden.

Schaut man sich das Guisan-Denkmal heute an, bekommt man einen zwiespältigen Eindruck. Das Pferd wirkt tatsächlich merkwürdig, aber die Gestalt von Guisan, mit dem nur leicht betonten Uniformmantel, dem Generalshut und mit den Sporen, erscheint dem Auge leicht und behend.

Wäre die Gestalt nackt oder nur leicht bekleidet, so würde man das Denkmal für ein Jugendstil-Bildwerk halten: Man denkt an den Blauen Reiter, an Franz Marc oder Chagall.

Doch unzweifelhaft war es richtig, den Landedelmann Guisan zu Pferd darzustellen. Während seiner Generalszeit gehörte der tägliche Ausritt zu seinen Gepflogenheiten.

Der Name des Generals ist im allgemeinen historischen Bewußtsein noch immer gegenwärtig.

Aber unterdessen wissen längst nicht mehr alle, daß Guisan an der belebten Strandpromenade von Lausanne-Ouchy ein Denkmal hat.

Die Erinnerungsstätte von General Guisan ist ein Abgesang auf die Epoche der historischen Denkmäler. Ein Jahr nach der Einweihung brachte die 1968er Jugendbewegung eine gesellschaftspolitische Zäsur.

Der in der Einleitung genannte Architektur- und Planungskritiker Benedikt Loderer sieht ebenfalls den großen Wandel der schweizerischen Grundwerte am Ende der von ihm beschriebenen Guisan-Schweiz, seit Beginn der 1960er Jahre.

Doch die militarisierte Schweiz schien in jenem Jahrzehnt noch in Ordnung, wenn auch die Übertreibungen offenkundig wurden:

Während der Vorbereitungszeit für das Guisan-Denkmal realisierte die Schweiz 1964 in derselben Stadt, in Lausanne-Vidy, ebenfalls an einer Seepromenade, eine neue Landesausstellung – 25 Jahre nach der legendär gewordenen Landi in Zürich. Auch in dieser nationalen Schau hatte das Militär einen bedeutenden Platz: Es gab einen Pavillon der Schweizer Armee, mit einer wie ein stilisierter Igel aussehenden Außenform aus flachen pyramidenförmigen Spitzen.

In diesem Pavillon wurde ein in Farbe gedrehter Armeefilm gezeigt, mit eingestreuten Dialogen in allen vier Landessprachen. Der Streifen sollte die Stärke und Feuerkraft des Schweizer Militärs zu Lande und in der Luft zeigen. Der gut gemachte und effektiv inszenierte Film beeindruckte auch ausländische Besucher.

Im gleichen Jahr aber zeigte der politische Skandal um die Beschaffung einer Hunderter-Serie des französischen Düsenjägers Mirage, wie sehr die offizielle Schweiz und ihre Armeeführung in der Rüstung übertrieben. Einige Hardliner unter den Militärs dachten sogar an eine schweizerische Atombombe.

Ob eine atomare Bewaffnung der Schweiz auch im Geist von General Guisan gewesen wäre, wissen wir nicht.

Abbildung 22: Luzern: Das Löwen-Denkmal

Foto: Autor, 10.6.2014

Arkadien und Romantik

Die allgemeine Geschichte wird erst etwa mit dem Beginn der Französischen Revolution, also um 1789 plausibel. Doch noch bis zum Ende der Napoleonischen Zeit sind nicht alle Personen und Ereignisse zum Barwert zu nehmen. – Selbst die alles überragende Gestalt von Napoleon darf ganz oder teilweise angezweifelt werden.

Mit der genannten Revolution ist auch ein erstes wahrhaftes Kampfereignis der Schweiz oder von Schweizern verbunden: der Sturm auf die Tuilerien in Paris 1792.

Bekanntlich stellten die Schweizer vor 1800 Söldnertruppen für etliche ausländische Fürsten und Könige. Vor allem aber formierten sie die Leibgarde des französischen Königs.

Die ausländischen Solddienste wurden schon von den alten Schwyzer Chroniken verurteilt. Aber damals waren sie nicht nur ein Erwerbszweig, sondern ein Teil der eidgenössischen Außenpolitik: Indem man für fremde Mächte Soldaten stellte, versicherte man sich deren Wohlwollen. Das galt besonders gegenüber Frankreich, der eigentlichen Schutzmacht der alten Eidgenossenschaft.

Bis 2000 Schweizer sollen um 1790 in Paris Dienst getan haben. Doch mit dem Fortschreiten der Revolution verschlechterte sich die Stellung des Königs – und damit auch seiner ausländischen Leibgarde.

Die revolutionäre Nationalgarde stürmte am 10. August 1792 die Tuilerien in Paris, die Stadtresidenz des Königs. Getreu ihrem Auftrag verteidigten etwa 700 Schweizer den Palast. Sie unterlagen unter hohen Verlusten. – Die Schweizergarde in Frankreich wurde aufgelöst und erst nach 1815 wiederhergestellt.

An dem Ereignis selbst ist nicht zu zweifeln. Nur mußte jede offizielle Erinnerung während der Napoleonischen Zeit ruhen.

Nach 1815 warb ein ehemaliger Offizier der Schweizergarde, Carl Josef Pfyffer von Altishofen, für ein privates Denkmal für die Gefallenen der Tuilerien.

Allerdings weilte dieser Luzerner Patrizier beim Tuileriensturm 1792 zufällig in der Schweiz – er gehörte zu den Verschonten.

Pfyffer wußte bereits, wo er ein Denkmal aufstellen wollte: in einem privaten Garten in Luzern, vor einem alten Steinbruch. Das Grundstück hatte er von der Stadt gepachtet.

Das Denkmal und dessen Ausführung blieb Pfyffers private Unternehmung. So konnte er die Idee in nur vier Jahren realisieren.

Denn die allgemeine wirtschaftliche Lage nach 1815 war schlecht. Und Rivalitäten zwischen dem konservativen Pfyffer und den Liberalen in Luzern spielten schon am Anfang mit.

Dank einigen Freunden nahm die Idee eines Denkmals in einem alten Steinbruch bald konkrete Gestalt an.

Entscheidend für die Qualität des Denkmals wurde, daß man den in Rom lebenden dänischen Bildhauer Bertel Thorwaldsen für die künstlerische Gestaltung gewinnen konnte. Dieser machte den Vorschlag, den sterbenden Löwen nicht auf einen Sockel zu stellen, sondern in eine Art Höhle unmittelbar in die Felswand hineinzuhauen.

Eine rechts des Teichs gebaute Totenkapelle bildete ursprünglich einen wichtigen Teil der Anlage.

1821 konnte Pfyffer und sein Kreis das Denkmal in Luzern feierlich einweihen – trotz gewissen Widerständen aus der Stadt.

Das Löwen-Denkmal in Luzern wurde zuerst wenig beachtet. Doch im Laufe der Zeit mehrte sich die Zahl der Besucher. Der Reiseführer Baedecker erwähnte es; die Schriftsteller Victor Hugo und Theodor Fontane schrieben darüber.

Dank der zunehmenden Bekanntheit des Löwen-Denkmals verlor es sein anfängliches Makel, eine Manifestation des Ancien Regime und der Konservativen zu sein.

Als das Denkmal 1881 in den Besitz der Stadt Luzern überging, war es bereits allbekannt und eine wichtige Touristen-Attraktion.

Immer mehr wurde der Löwe von Luzern durch eine Souvenir-Industrie auch kommerzialisiert.

Nimmt man die Bekanntheit und die Besucherzahl als Maßstab, zudem die frühe Entstehung, so stellt das Löwendenkmal in Luzern die wichtigste Erinnerungsstätte der Schweiz dar. In der Saison besuchen heute tausende von Touristen täglich den Ort: aus der Schweiz vornehmlich Schulklassen, sonst neben Europäern hauptsächlich Gruppen aus China und Japan.

Der Besucher empfindet das Löwendenkmal in Luzern, unweit von dem verkehrsreichen Löwenplatz, trotz des Besucherstroms als schattige und ruhige Oase inmitten der städtischen Hektik.

Und noch immer, nach bald zweihundert Jahren, hat der Ort einen gewissen Hauch von elegischer Grundstimmung. – Poussin könnte seine Hirten zu dem Teich mit der Felswand führen und ihnen dort erklären, daß es auch in der Landschaft Arkadien den Tod gibt.

Die hohe Felswand, in welche die Löwenfigur gehauen ist, wirkt hell und kahl. Aber sie ist oben und zu beiden Seiten von Bäumen und Sträuchern umsäumt. Und davor hält ein ovaler Teich Distanz zu den Besuchern.

Die Figur des sterbenden Löwen in der Kaverne selbst wirkt monumental in einem guten Sinne.

Die Namen unter der Löwenfigur sind kaum von bloßem Auge lesbar. Dagegen kann jeder den lateinischen Spruch entziffern, der darübersteht:

Helvetiorum fidei ac virtuti

Der Treue und Tapferkeit der Schweizer ist dieses Ehrenmal gewidmet.

Manchmal bringt eine Ortsbegehung auch sonderbare Einzelheiten zu Bewußtsein: Ist bisher niemandem aufgefallen, daß die ausgehauene Höhle des Löwen in Luzern auffällig die Umrisse eines Ebers nachzeichnet?

Der Eber hat als etymologische Wurzel das Wort Hebräer. Und die Eidgenossen waren stolz darauf, die Krieger zu sein, welche sich um die Sau oder den Eber scharten. – Nicht von ungefähr erwähnen die alten Chroniken einen sogenannten Saubannerzug der Schwyzer.

Thorvaldsen und Pfyffer wußten noch von solchen Anspielungen. Aber nachher gerieten die Hinweise in Vergessenheit und müssen – manchmal sogar bei einer persönlichen Besichtigung – wiederentdeckt werden.

Wenigstens erwähnt werden soll ein anderes wichtiges historisches Denkmal ganz in der Nähe des Löwen von Luzern: das Bourbaki-Panorama, jenes 110 Meter lange und zehn Meter hohe, 1889 aufgestellte Rundgemälde, das an den Grenzübertritt einer französischen Armee im Neuenburger Jura 1871 erinnert.

Abbildung 23: Moosseedorf BE: Das Grauholz-Denkmal

Foto: Autor, 20.5.2014

Wehmut über den Untergang des alten Bern

Das Grauholz-Denkmal steht etwa sieben Kilometer nordöstlich von Bern und südöstlich der Standortgemeinde Moosseedorf, unweit linkerhand der Autobahn A 1 nach Zürich.

Errichtet wurde das Grauholz-Denkmal nach einem Beschluß der Bernischen Offiziersgesellschaft von 1884. Es sollte an den letzten verlorenen Kampf der Berner Truppen am 5. März 1798 im Grauholz gegen die aus Solothurn gegen die Stadt vorrückenden französischen Truppen erinnern.

Die Einweihung des Monuments im Grauholz fand 1886 statt. Den Entwurf lieferte der Berner Künstler Gottlieb Hirsbrunner. Die Ausführung besorgte der Tessiner Bildhauer Luigi Piffaretti.

Ursprünglich stand das Grauholz-Denkmal etwa 300 Meter weiter östlich beim noch heute bestehenden Waffenplatz Sand. Durch den Bau eines Remonten-Depots wurde das Monument 1930 nach Westen an seinen heutigen Platz an das Ende eines Hügelzugs versetzt.

Beinahe wäre das Monument durch den Bau der Autobahn um 1960 nochmals an seinem jetzigen Standort gefährdet gewesen.

Das Grauholz-Denkmal besteht aus einer auf einem Sockel stehenden zwölf Meter hohen, abgebrochenen Kalkstein-Säule mit einem Trauerkranz am oberen Ende. Als Hauptinschrift steht an der Basis das pathetische Motto: *Seid einig!*

Der Platz ist von runden Randsteinen eingefaßt welche mit Ketten verbunden sind. Und der leicht erhöhte Denkmalplatz wird von Bäumen umsäumt.

Der historische Zusammenhang führt zum Untergang des alten Berns anfangs 1798. Bekanntlich hat das revolutionäre Frankreich die alte Eidgenossenschaft durch mehrere Aktionen quasi schachmatt gesetzt.

Zuerst wurden im Januar Umstürze in Basel und im bernischen Waadtland ausgelöst. Französische Truppen folgten und besetzten die revolutionierten Gebiete. Die übrigen Teile der alten Eidgenossenschaft verloren eine nach der anderen ihre angestammten Regierungen und Herrschaften.

Nur Bern blieb ruhig. Die gnädigen Herren verhandelten den ganzen Februar mit den Franzosen. Letztere nutzten die Verhandlungspause, um ihre militärischen Positionen zu festigen.

Anfangs März 1798 war es soweit: Französische Truppen besetzten in einer Zangenoperation gegen Bern zuerst Freiburg im Südwesten und Biel und Solothurn im Norden.

Den militärischen Vormarsch der Franzosen konnten die teilweise schon demoralisierten Berner Truppen nicht mehr aufhalten.

Bei Neuenegg im Südwesten gelang es den Bernern, den Feind vorläufig zurückzudrängen.

Doch im Norden Berns unterlagen die Einheimischen den Franzosen in den Gefechten bei Fraubrunnen, dann am Grauholz. – Am 5. März marschierten die Angreifer in Bern ein.

Der militärische Widerstand Berns anfangs März war sinnlos. Denn die alte Regierung unter ihrem greisen Schultheiß Niklaus Friedrich von Steiger hatte schon vor den letzten Gefechten die Kapitulationsurkunde gegenüber dem französischen General Schauenburg unterschrieben.

Im Sinne der Geschichtskritik ist anzumerken, daß die Schweizer Kriegsgeschichte in Tat und Wahrheit im Jahre 1798 begann und mit dem kurzen Sonderbundskrieg 1847 schon wieder endete.

Der Ordnung halber muß auch festgestellt werden, daß das Motto *Seid einig!* in jenem Schicksalsjahr 1798 keinen Sinn gemacht hätte: Der revolutionäre Wandel war unaufhaltsam, gleichgültig auf welcher Seite man stand. Die historische Notwendigkeit ließ sich nicht durch Tradition und Heimatliebe aufhalten. Die alte Eidgenossenschaft mußte sich neu organisieren.

Im Berner Volksbewußtsein blieb immer eine gewisse Wehmut gegenüber dem Ancien Regime, der doch ausgesprochen autoritären und patriarchalischen Patrizierherrschaft vor 1798 zurück. Schriftsteller wie Jeremias Gotthelf in seiner Novelle *Elsi, die seltsame Magd* (1843) und Rudolf von Tavel in der Zwischenkriegszeit in mehreren Romanen, verwerteten dieses Gefühl.

Das Grauholz-Denkmal drückt eine elegische Grundstimmung aus, wie sie den Monumenten zu Beginn des 19. Jahrhunderts eigen war.

Nicht nur im Grauholz wurde ein Denkmal an die Kämpfe von anfangs März 1798 errichtet. Auch nördlich von Fraubrunnen, an der Abzweigung nach Büren zum Hof, setzte man einen Gedenkstein.

Und für den vergeblichen Sieg bei Neuenegg wurde ein repräsentatives Denkmal oberhalb des genannten Ortes errichtet, mit einer von

Hecken und Bäumen umsäumten Kiesterrasse und einem Obelisken als zentrales Mahnmal.

Das unsagbar kitschige Grabmal des letzten Berner Schultheißen Niklaus Friedrich von Steiger in einer Seitenkapelle des Berner Münsters soll in diesem Zusammenhang nur erwähnt werden.

Sowohl das Grauholz-Denkmal als auch der heutige Standort mit den umgebenden Bäumen sind gut gewählt. Die Erinnerungsstätte wirkt einladend. Nur der Lärm der nahen Autobahn stört.

Die Erinnerungssäule am Grauholz ist auf alle Fälle einen Besuch wert und bezeichnet einen historischen Ort am Rande einer stark verbauten Landschaft im Norden der Stadt Bern.

Abbildung 24: Muri bei Bern: Die Gedächtniskapelle für Rudolf Maria Holzapfel

Foto: Autor, 18.5.2014

118

Eine Lebkuchen-Kapelle mitten im Wald

Dieses Denkmal gehört zu den Kuriositäten des Themas. Aber da der Autor sich schon seit Jugendzeiten immer wieder damit beschäftigt hat, soll es hier einen Platz bekommen.

Im Mettlenhölzli in der Gemeinde Muri bei Bern, oberhalb des Steilabfalls zum Naturpark Elfenau, bemerkt der Spaziergänger oder Wanderer mitten im Wald, gut eingefügt, aber trotzdem unübersehbar eine Kapelle. Man staunt: Wo sonst gibt es in dem protestantischen Kanton Bern solche religiösen Bauten?

Die nähere Betrachtung des kleinen Gebäudes erweist, daß dieses nicht alt sein kann. Eine an der Südseite angebrachte Inschrift auf einer Bronzetafel klärt den Sachverhalt:

Hier ruht Rudolf Maria Holzapfel, Seelenforscher, Denker, Dichter, 1874 – 1930. Nach schicksalsschweren Jahren fand er in Muri seine letzte Ruhestätte.

Der erwähnte Holzapfel stammte aus dem damals österreichischen Krakau, studierte in der Schweiz Philosophie und Psychologie und wurde ein idealistischer Philosoph. Um 1900 publizierte er sein Hauptwerk *Panideal*, später ergänzt durch *Welterlebnis*. – Die Titel deuten schon sein geistiges Weltbild an.

Worin Holzapfels schicksalsschwere Jahre bestanden haben, ist nicht mehr zu klären. Jedenfalls zog er mit seiner Gattin, der Bildhauerin Christina Gomperz 1922 in die Schweiz und ließ sich in Muri nieder. – Das Haus, das er dort bewohnte, gibt es noch heute und trägt ebenfalls eine Widmung an ihn.

Der psychologisch geprägte Idealismus, den Holzapfel vertrat, war um 1900 eine führende Richtung der universitären Philosophie. Zentral ist jener Strömung, daß sie die starren Denkgebäude des 19. Jahrhunderts durch einen aufgeklärten Menschen und eine vergeistigte neue Weltordnung ersetzen wollte.

Dieser neue Idealismus verdiente wohl Anerkennung. Aber leider hatte er keine Antwort auf das herrschende militaristisch-imperialistische und traditionsverhaftete politische System, welches in Europa herrschte. Der Erste Weltkrieg machte deutlich, daß man mit idealistischen Konzepten nicht weiterkam. Das sind wohl die schicksalsschweren Jahre Holzapfels, auf welche die Inschrift an der Kapelle hinweist.

In seinen letzten Lebensjahren wurde Holzapfel sogar für den Nobelpreis vorgeschlagen und als Apologet der Vergangenheit und Seher der Zukunft mit Dostojewski verglichen.

Die Holzapfel-Kapelle selbst geht auf eine Initiative seiner Frau zurück. Diese regte für Ihren Mann ein solches Gebäude an und gelangte damit an die Gemeinde Muri als Waldeigentümerin.

Der Gemeinderat erlaubte 1932 nach einer Begehung des Waldgrundstücks den Bau. Holzapfel hatte damals noch eine Anhängerschaft hinter sich, die sich *Gesellschaft für eine Gesamtkultur* nannte.

Die Kapelle selbst wurde durch den Architekten Otto Ineichen erstellt.

So unbedeutend und kurios die Holzapfel-Kapelle in Muri bei Bern sein mag, so stark hat diese den Schreiber ein ganzes Leben beschäftigt.

Während Jahrzehnten nahm sich der Autor vor, einmal die Bücher von Holzapfel anzusehen. Doch erst bei den Vorarbeiten für dieses Werk hat er in Holzapfels Hauptwerk *Panideal* mit dem Untertitel *Das Seelenleben und seine soziale Neugestaltung* hineingeschaut.

Aber nach kurzer Zeit legte der Schreiber das Buch zur Seite: Es ist einfach ungenießbar, stellenweise sogar abstrus.

Schon die Titel muten seltsam nichtssagend an: *Einsamkeit, Sehnsucht, Hoffnung, Gebet, Kampf*, usw.

Die meisten Kapitelüberschriften sind verworren und unverständlich: *Zum Drama der Entstehung individueller Gewissensinhalte* und *Mitgefühl als Neugestaltung und plastische Anregung*, um nur zwei zu nennen.

Die Diktion der Ausführungen ist abenteuerlich und oft schlechtestes Kauderwelsch. Sätze mit Dutzenden von Wörtern sind keine Seltenheit.

Was soll zum Beispiel ein solcher Satz: *Die unbewußte Änderungsarbeit der Natur wird im Menschen zur teilweisen oder ganz bewußten.*

Mit den Gedanken von Rudolf Maria Holzapfel kann man heute niemanden mehr begeistern.

Man fragt sich, ob der deutsche Idealismus der Generation von Holzapfel nicht Mitschuld trägt an den politischen Verirrungen des 20. Jahrhunderts.

Aber Holzapfels Gedächtniskapelle im Mettlenhölzli in Muri bei Bern übt noch immer eine eigenartige Faszination aus: Man glaubt ein Lebkuchen-Häuschen wie aus einem Märchen der Gebrüder Grimm vor sich zu haben.

Die Holzapfel-Kapelle kann man getrost stehen lassen.

Abbildung 25: Murten FR: Der Obelisk der Murten-Schlacht

Foto: Autor, 6.7.2013

Zeitlose, monumentale Schlichtheit

Die legendären Schlachten von Murten und Laupen sind absolut identische Geschichten.

Die Schlacht von Murten gehört in den Zusammenhang der Burgunderkriege – dem Höhepunkt der alteidgenössischen Geschichtserfindung.

Der Krieg von Karl dem Kühnen gegen die Berner und Schwyzer stellt eine Kopie dar des Feldzugs von Alexander dem Großen gegen das Perserreich:

So wie letzterer das meerseitige Tyrus (Tyrum = TRM) sieben Monate belagert, so der Burgunderherzog das seeseitige Murten (MRT > TRM) während sieben Tagen.

Und so wie der König von Makedonien im Lager der Feinde kostbare Beute, eben die Perserbeute macht, so die Eidgenossen im Lager Karls die Burgunderbeute.

Die alten Chronisten waren ehrlich. Sie erklärten unumwunden: Karl der Kühne stellt ein Spiegelbild dar zu Alexander dem Großen.

Die Burgunderkriege sind wie ein Dreißigjähriger Krieg konstruiert: Sie beginnen „1447" mit einem Krieg gegen Freiburg – Fribourg und enden „1477" mit dem Tod Karls des Kühnen nach der Schlacht bei Nancy.

Eine bezeichnende Einzelheit: Die Kriegserklärung gegen die Stadt Freiburg ist erhalten. Sie enthält 28 Unterschriften, darunter diejenige von Alexander dem Großen!

Seit langem wissen die Historiker oder sollten es wissen, daß mit diesen Burgunderkriegen etwas nicht stimmt. Doch wie überall: Zweifel werden unterdrückt und absurde Dinge auf die Seiten geschoben.

Zum Beispiel soll vor dem Städtchen Murten ein Heer von 100'000 (!) Burgundern gelagert haben.

Die Berner und Eidgenossen hätten in der Schlacht – dem Zehntausend-Ritter-Tag - innert zwölf Stunden 30'000 (!) Feinde getötet, obwohl sie zahlenmäßig weit unterlegen waren.

Und die „Burgunderbeute": Welche Armee führt ihren ganzen Staatsschatz, Silber, Gold und Diamanten in vorderster Front ins Feld mit?

Der Schatz der Burgunder existiert. Aber es waren die Eidgenossen selber, welche die Kostbarkeiten gesammelt und bezahlt haben.

Doch die Schlacht von Murten ist in der volkstümlichen Überlieferung lebendig geblieben: Jedes Jahr findet in Murten ein Umzug, die Solennität statt, gefolgt von einem Feldschießen.

Und für die Schweizer Landesausstellung 2002 wurde bei Muntelier im See ein rostiger Kubus, der sogenannte Monolith aufgestellt. In diesem konnte man ein kitschiges Murtenschlacht-Panorama eines wenig bekannten Künstlers des letzten Viertels des 19. Jahrhunderts bewundern.

Schon in der zweiten Hälfte des 18. Jahrhunderts gab es bei der kleinen Gemeinde Merlach (Meyriez) bei Murten eine Schlachtkapelle, genauer gesagt ein Beinhaus. Dieses wurde 1798 von den vorrückenden französischen Truppen zerstört.

An der gleichen Stelle ließ der Kanton Freiburg im Jahre 1822 das heutige Monument aufstellen.

Das Denkmal von Murten hat die Form eines Obelisken, ist 18 Meter hoch und aus Blöcken gefügt, also kein Monolith.

Die Erinnerungsstätte ist von Bäumen und Hecken umgeben und befindet sich heute eingeklemmt zwischen einer Bahnlinie und der Umfahrungsstrasse von Murten.

An der südwestlichen Basis, gegen Freiburg gerichtet, liest man in goldenen Lettern die lapidare lateinische Inschrift:

Victoriam XXII Jun[ii] MCCCCLXXVI patrum concordia partam novo signat lapide respublica Friburg[ensis] MDCCCCXXII.

In freier Übersetzung:

Die Republik Freiburg ehrt hier 1822 den am 22. Juni 1476 durch die Einigkeit der Ahnen errungenen Sieg mit einem neuen Gedenkstein.

Welches Motiv hatte der junge Kanton Freiburg, sieben Jahre nach der Napoleonischen Ära, ein solches Monument aufzustellen?

Murten war vor 1798 eine gemeine Herrschaft zwischen Freiburg und Bern – alle vier Jahre abwechselnd von der einen und der anderen Stadt aus regiert.

1803 wurde Murten zum ersteren Stand geschlagen – obwohl das Städtchen protestantisch, deutschsprachig und nach Bern orientiert war.

Freiburg verfolgte mit der Denkmalsetzung in Murten ein handfestes politisches Interesse: Der Kanton wollte damit seinen rechtmäßigen Anspruch auf das ihm zugesprochene Murten bekräftigen – und gleichzeitig auch die Schlacht für sich einheimsen.

Der Kanton erfand dazu noch die Legende vom Murtenlauf:

Angeblich habe ein Läufer die Nachricht vom Sieg bei Murten nach Freiburg überbracht und sei gleich danach tot zusammengebrochen.

Unschwer erkennt man in der Geschichte vom Läufer das Vorbild der „antiken" Schlacht von Marathon.

Die Anspielung liegt schon in den Namen: Marathon (MRT) und Murten (MRT) sind gleich. - Und in den romanischen Sprachen ist *mortem* (MRT) bekanntlich das Wort für Tod.

Die Burgunder sind nicht aus Murten zu vertreiben:

Ab und zu färbt sich der Murtensee durch die massenhafte Vermehrung von gewissen Algen rötlich. Die Anwohner sprechen dann vom „Burgunderblut".

Für den Autor übt der Obelisk von Murten eine gewisse Faszination aus.

Es ist dabei nicht die Erinnerung an eine legendäre Schlacht, sondern die zeitlose monumentale Schlichtheit des Denkmals, die beeindruckt. Man kann den Ort schätzen, ohne an Geschichte zu denken.

Man meint, der Obelisk stehe für etwas anderes oder sei ganz einfach ein Beispiel für *l'art pour l'art*.

Und die Inschrift an dem Monument ließe sich ersetzen durch ET IN ARCADIA EGO (Auch ich war einst in Arkadien).

Abbildung 26: Neuenburg - Neuchâtel: Das Farel-Denkmal

Foto: Autor, 9.6.2012

Jeder Stadt ihren Reformator

Das heutige Christentum ging aus einer Reformation hervor. Jedes Bekenntnis wollte reformiert sein. Die Kirchenväter waren Reformatoren – und erst recht die eigentlichen Erneuerer des Glaubens am Ende des „Spätmittelalters".

Die alte Eidgenossenschaft brachte als kleines Land ein paar große Reformatoren hervor: Zwingli in Zürich steht auf gleicher Ebene wie Luther in Deutschland; und der düstere Calvin stammt zwar aus Frankreich, doch seine reformatorische Saat ging in Genf auf.

In Bern war es Berchtold Haller. Der Name spricht für sich selbst: HALLER geht zurück auf das Hebräische ha'el = der Gott. - Ein solcher Mann mußte einen gottbezogenen Namen tragen.

Der Reformator Berchtold erhielt kein Denkmal. Aber in Bern gibt es eines für Albrecht von Haller. – Dieser war nicht nur Gelehrter, wie in diesem Buch erklärt wird, sondern auch Kirchengründer.

St. Gallen hat als Reformator den Joachim Watt, latinisiert Vadianus genannt. Dieser erhielt 1904 auf dem Markplatz jener Stadt ein monumentales Standbild vom gleichen Rudolf Kissling, der auch das Tell-Denkmal in Altdorf schuf.

Auch Neuenburg am Fuße des Juras besaß einen Vorkämpfer für die Erneuerung des Glaubens: Guillaume Farel ebnete nicht nur den Weg für die Reformation in jener Stadt, sondern ermöglichte auch den Beginn des Wirkens von Calvin in der Schweiz.

Die Reformatoren hatten ein paar Gemeinsamkeiten: Sie waren alle landesfremd – ausgenommen Zwingli: Calvin stammte aus der Picardie, Berchtold Haller aus Süddeutschland und Guillaume Farel aus Gap in der Haute-Provence.

Der Name Farel ist ebenso einsichtig wie derjenige von Haller:

FAR/EL = griechisch *para* = gemäß und hebräisch *el* = Gott.

Guillaume Farel soll ein besonderer Glaubenseiferer gewesen sein. An der Pariser Sorbonne habe er studiert und dort die Lehren Luthers verbreitet.

Doch die Schriften von Luther wurden „1521" in Paris verbrannt. Frankreich blieb alt- oder rechtgläubig. Also wählte der gottgemäße Farel die westliche Eidgenossenschaft, Bern und nachher Neuenburg als Tätigkeitsfeld.

Als Reformator von Neuenburg habe er einen ungewöhnlichen Eifer entwickelt, darin seinem Freund und Mitstreiter Calvin ebenbürtig. So hätten die Bürger nach einer Predigt Farels „1530" spontan alle Gegenstände des alten Glaubens, also Bilder, Altäre, Kruzifixe und Heiligenfiguren in der Kathedrale zerstört.

Farel soll im hohen Alter von 75 gestorben sein. Doch noch mit 69 hätte er ein 18-jähriges Mädchen geheiratet!

Wie überall, so übersah man in Neuenburg im fortgeschrittenen 19. Jahrhundert die unmögliche Biographie des angeblichen Reformators: 1876 enthüllten die städtischen Notabeln ein Denkmal für den legendären religiösen Eiferer auf dem Platz vor der Kollegiatskirche in der Oberstadt.

Auf einem von zwei sechseckigen Stufen unterlegten Sockel, der zudem vier Ausladungen hat, die auf jeder Seite Sitzbänke bilden, erhebt sich die Statue des Reformators. Man sieht einen überlebensgroßen bärtigen Mann, im geistlichen Talar in wallender Bewegung, wie er mit beiden Händen ein Buch – ganz offensichtlich die Bibel – emporhält. Vor den Füssen des Geistlichen liegt eine zertrümmerte Statue des heiligen Petrus.

Die Dynamik des Standbilds drückt gut den Glaubenseiferer aus.

Das Denkmal stammt vom Neuenburger Bildhauer Charles Iguel (1827 – 1897) und ist deutlich dem akademischen Historismus verpflichtet.

Auf einer Seite des Sockels des Standbilds liest man die ominöse Inschrift:

La parole de dieu est vivante et efficace et aussi percutante qu'un glaive à deux tranchants (Das Wort Gottes ist lebendig, wirksam und so durchschlagend wie ein Schwert mit zwei scharfen Seiten).

Man darf nicht meinen, daß zu der Zeit als das Monument für Farel geschaffen wurde, die reformierte Kirche in der Stadt noch unwidersprochen gewesen wäre: Schon um 1875 gab es im Kanton Bestrebungen, Staat und Kirche zu trennen.

Heute sind Neuenburg mit Genf die einzigen eidgenössischen Orte, welche diese Trennung durchgeführt haben.

Das Farel-Denkmal in der Oberstadt von Neuenburg – Neuchâtel kann heute gelassener beurteilt werden. Deutlich atmet es das Pathos der zweiten Hälfte des 19. Jahrhunderts. Doch die Erinnerungsstätte ist an einem idealen Standort, nämlich in der Mitte eines weiten Platzes, auf der einen Seite von der Kirche, auf zwei weiteren Seiten von Mauern mit Bäumen davor umgeben.

Vielleicht ist es gut, daß Farel auf einem relativ wenig begangenen Platz steht. Vor Jahren ist in Neuenburg im Zusammenhang mit einem Kunstprojekt die Forderung aufgetaucht, das Denkmal müsse als unpassend weggeräumt werden.

Das Reformations-Monument auf dem Burghügel von Neuenburg gibt auch Anlaß, über die Geschichte des Ortes nachzudenken. Man weiß, daß der Stand irgendeinmal im 18. Jahrhundert unter preußische Oberherrschaft gekommen ist. Wieso das? Jenes Land war doch weit von der Schweiz entfernt!

Es darf angenommen werden, daß Neuenburg ursprünglich zum Waldgau und damit einst zu Bern gehört hat. Vermutlich ist es Frankreich gewesen, welches jene Stadt und jenes Gebiet am Nordufer des Neuenburger Sees Preußen überlassen hat: Dadurch ließ sich Bern noch mehr einengen und zudem durch ein deutsches Land kontrollieren.

Abbildung 27: Neuenegg BE: Das Denkmal der Laupen-Schlacht auf dem Bramberg

Foto: Autor, 23.6.2012

Eine Schachfigur des volkstümlichen Geschichtsbilds

Das Denkmal für die legendäre Schlacht der Berner Geschichte steht eine gute Wegstunde nordöstlich des Städtchens Laupen auf dem Bramberg-Hügel am westlichen Rand des Forsts, auf dem Gebiet der Gemeinde Neuenegg.

Die Entstehung des Denkmals ist eng mit der Ausbildung des vaterländischen Gefühls und der politischen Strömungen in Bern ab dem Ende der Napoleonischen Zeit verbunden. Bestimmend dafür war die erstmalige Veröffentlichung der so genannten Justinger-Chronik durch den Schriftsteller Johann Rudolf Wyss den Jüngeren im Jahre 1816. In jenem Zeitbuch nimmt die Darstellung der Laupen-Schlacht über zwanzig Druckseiten ein.

Im Rahmen der Analyse der Quellen zur Schweizer Geschichte hat der Autor nachgewiesen, daß jener „Justinger" aus der Feder des Berner Chronisten Michael Stettler stammt, angeblich um 1640, tatsächlich aber nach 1770 anzusetzen.

Die Justinger-Chronik wurde im alten Bern wohl bewußt nie gedruckt, sondern nur in zahllosen Abschriften weiterverbreitet. Damit sollte ein hohes Alter jenes Geschichtswerks vorgetäuscht werden. – Und gleichzeitig hatte man damit auch eine Barriere geschaffen gegen eine kritische Analyse des Inhalts.

Laupen und Murten sind nämlich Parallel-Geschichten: Hier wie dort kommt ein von Adeligen geführtes Heer aus dem Westen, belagert ein kleines bernisches Städtchen und wird schließlich durch ein Berner Heer unter eidgenössischem Zuzug geschlagen. Die Sieger machen im Lager der Feinde große Beute. Die Burgunder-Beute ist bekannt. Aber schon die Laupen-Beute wird von „Justinger" hervorgehoben.

Grundsätzlich sind alle siegreichen Schlachten, welche die alten Eidgenossen geschlagen haben, nach dem Muster von Laupen gestrickt. Das fiel auch dem Militärhistoriker Walter Schaufelberger auf, wenn er schreibt: *In der Grundanlage stimmt Laupen mit mancher früheidgenössischen Schlacht überein.*

Nach 1815 also drang jenes fiktive Ereignis in das bernische patriotische Bewußtsein ein. Schon 1818 sprach ein anonymer Autor *Worte der Erinnerung und Erweckung bei der Gedächnis-Feier zur Laupen-Schlacht.*

Zur ersten Zentenar-Feier, also dem „500. Jahrestag" 1839, hielt der radikale Berner Freisinnige Beat Rudolf von Lerber eine Rede mit dem Titel: *Die Schlacht von Laupen, der Sieg der Volkstümlichkeit (Demokratie)*. – Denn dessen war man sich sicher: Bei Laupen siegte ein Bürger-Heer über eine Koalition von adeligen Feinden.

Das Laupen-Ereignis wurde endgültig in einen zeitgenössischen politischen Zusammenhang eingebunden. Da störte es niemanden mehr, daß die ältesten Chroniken nicht Adelige, sondern die benachbarte Stadt Freiburg als Feinde der Berner nannten.

Und schon in der ersten Hälfte des 19. Jahrhunderts wurden der Schlacht bei Laupen auch Lieder gewidmet.

Für die nächste Zentenarfeier 1939 wurde von dem bekannten Komponisten Willy Burkhard ein eigenes Singspiel geschaffen. Und wieder gab es Gedächtnisfeiern und Gedenkschriften für die angebliche Laupen-Schlacht.

Im Juni 1939 – die Schlacht wurde angeblich im Brachmonat geschlagen – erhielt das Gedenken einen aktuellen Bezug: Man wußte daß es in Europa bald wieder Krieg geben wird. Also sollte man militärisch auf der Hut sein und sich gegen einen künftigen Feind wappnen.

Die patriotische Stimmung für Laupen ab 1815 ließ schon bei der Gedächtnisfeier 1839 die Forderung nach einem Denkmal aufkommen. Angeblich wurde gleich danach auf dem Bramberg ein Grundstein gelegt.

Aus unbekannten Gründen verzögerte sich die Aufstellung eines Denkmals für die Laupen-Schlacht. Der Sieger des Kampfs, Rudolf von Erlach hatte Vortritt. Dieser erhielt schon 1849 in Bern sein noch heute bestehendes Reiter-Standbild.

1853 schließlich beschloß die Burgergemeinde Bern, auf dem Bramberg bei Laupen ein Schlachtdenkmal zu errichten. Das Projekt schuf der Architekturprofessor Heigelin aus Stuttgart; die Ausführung oblag dem Architekten Gottlieb Hebler.

Das Laupen-Denkmal stellt einen stilisierten, leicht konischen Rundturm dar, mit einer glatten Basis, darauf eine mit Bossen versehene Außenmauer und zuoberst ein schmaler vorkragender Zinnenkranz.

Unter dem Sims der Zinnen findet sich ein breites, glattes Steinband mit einem Wappen und einer lateinischen Inschrift über das fiktive Ereignis:

In memoriam proelii Laupensis, e quo Bernenses cum sociis die XXI Junii MCCCXXXIX victores discessere hic lapis positus est MDCCCLIII.

(Zur Erinnerung an die Schlacht bei Laupen, aus welcher die Berner mit ihren Verbündeten am 21. Juni 1339 als Sieger hervorgingen, wurde dieser Stein 1853 gesetzt.)

Das Denkmal steht in einer intakten Landschaft, an einem Ort, der eine schöne Aussicht bis zum Jura und Richtung Freiburg bietet.

Das Laupen-Memorial erinnert den Betrachter zuerst unwillkürlich und deutlich an eine Schachfigur. Es ist nicht überliefert, weshalb diese Form gewählt wurde.

Der stilisierte, zinnengekrönte Rundturm wurde in der Folge jedoch wegweisend für die Denkmal-Architektur. Im Deutschen Reich entstanden zum Beispiel reihenweise sogenannte Bismarck-Türme.

Aber auch für Standbilder wurden häufig turmartige Basen gewählt, beispielsweise schon in den 1860er Jahren für das monumentale Vercingetorix-Denkmal in Alesia (Alise-Sainte-Reine) in Frankreich.

Die Buckelquader, die den äußeren Mittelteil des Denkmal-Turms umgeben, wurden in der zweiten Hälfte des 19. Jahrhunderts wieder ein häufig verwendetes Element des architektonischen Historismus – desgleichen die Zinnen.

Der Autor vermutet, daß die Ruine Geristein oberhalb von Bolligen das Vorbild der Laupen-Gedenkstätte geliefert hat. Dafür sprechen der runde Turm und die Bossen-Quader an der Außenseite.

Das Laupen-Denkmal auf dem Bramberg ist nicht erste künstlerische Wahl. Aber man nimmt es wohlwollend an und genießt den Aufenthalt auf diesem aussichtsreichen, mit schönen alten Bäumen gesäumten Platz.

Einige hundert Meter weiter unten lädt ein Restaurant mit einem schönen Sommergarten zum Besuch ein.

Bereits erwähnt wurde das Denkmal bei Neuenegg zur Erinnerung an den Abwehrkampf der Berner gegen die Franzosen 1798. Die 1866 eingeweihte Erinnerungsstätte ist in ihrer ansprechenden Art jener auf dem Bramberg ebenbürtig.

Abbildung 28: Oberägeri ZG: Das Morgarten-Denkmal

Foto: Autor, 8.6.2014

Wo fand die Schlacht am Ägerisee statt?

Wohl kaum eine alteidgenössische Schlacht ist im populären Bewußtsein so bekannt wie Morgarten. – Man weiß zumindest, daß dort die Schwyzer Bauern gegen ein adeliges Heer der Österreicher oder Habsburger unter einem Herzog Leopold angeblich einen prächtigen Sieg errungen hätten.

Auch die Strategie der Waldstätte ist ungefähr bekannt: Man lockte das feindliche Heer zu einem Engpaß am Ägerisee und überfiel es dort. Dabei ließ man Felsblöcke und Baumstämme über die steilen Talhänge hinunterrollen. Die Ritter mit ihren Pferden wurden dadurch verwirrt, die Ordnung des Heeres kam durcheinander, viele Feinde wurden erschlagen oder ertranken im See.

Eine alle zwei Jahre gefeierte Schlachtjahrzeit erinnert an das angebliche Ereignis.

Dabei sind die heutigen Historiker grundsätzlich offen: *Unsere Kenntnisse der Schlacht sind recht mangelhaft* (Handbuch der Schweizer Geschichte, I, 189). – Man sollte im Klartext sagen: Die Schlacht von Morgarten ist eine Geschichtserfindung.

Und ein Ortstermin am Morgarten zeigt, daß sich der Kampf unmöglich so abgespielt haben kann wie die gängige Vorstellung behauptet: Steilhänge nämlich, um Baumstämme und Blöcke herunter zu rollen, gibt es in der fraglichen Gegend am Ägeri-See keine.

Südlich des Ägerisees, auf der Schornen, schon auf Schwyzer Boden, steht ein alter Wehrturm, der zu einer Letzi, also einer Talsperre gehörte. Hier gibt es einen allerdings kleinen Engpaß. Und südlich davon steht die Schlachtkapelle von Morgarten. Man suchte den Ort des Kampfes zuerst offenbar dort.

Die ältesten Chroniken sprechen von einer Schlacht am Ägerisee. Seit 1908 steht deshalb auf der rechten Seeseite, auf einer Anhöhe bei der kleinen Ortschaft Buechwäldli, die zur Zuger Gemeinde Oberägeri gehört, ein Morgarten-Denkmal.

Man hat von dort eine schöne Aussicht auf den See. Doch Kampfhandlungen, wie sie in der Tradition beschrieben werden, sind in der Umgebung schwer vorstellbar.

Bei aller Schlachtenbegeisterung ist den kritischen Betrachtern natürlich immer aufgefallen, daß sich in der ganzen Gegend schwer ein Ort finden läßt, der den Beschreibungen entspricht.

Also hat man die Schlachtengegend immer weiter nach Süden verschoben. Der Letzi-Turm und die Schlachtkapelle stehen bereits einen Kilometer südlich des Sees.

Und heute möchten die Kriegshistoriker den Ort der Morgarten-Schlacht etwa 500 Meter südwestlich des Letziturms, beim Gehöft Schafstetten in der Flur Altstatt ansetzen.

Aber die Suche nach einem geeigneten Ort der Schlacht von Morgarten wird vergeblich bleiben. Das Ereignis hat nie stattgefunden.

Nur die Geschichtsanalyse kann klären, was es mit Morgarten für eine Bewandtnis hat.

Sowohl die Berner und folglich als Kopie oder Blaupause davon die Waldstätter Gründungsgeschichte schließen mit einer Schlacht, bei welcher der Ort seine endgültige Freiheit errang. Für Bern ist es die Schlacht am Dornbühl oder im Jammertal, für die Urkantone die Schlacht am Morgarten.

Aber die Morgarten-Geschichte hat noch andere literarische Anklänge:

Die Schlacht bei Morgarten ist zuerst nach einer fiktiven antiken Schlacht gestrickt: Bekanntlich hätten die Griechen im Engpaß der Thermopylen ein zahlenmäßig überlegenes Heer der Perser zwar nicht zurückgedrängt, aber doch mit heldenhaftem Mut aufgehalten.

Und im biblischen Buch Judith werden die Vorbereitungen des Gebirgslands Israel zur Abwehr der Assyrer gleich geschildert wie die der Waldstätte gegen die Habsburger (Judith, 4, 1 ff.): Der assyrische General Holofernes stößt mit großer Heeresmacht gegen das kleine Bergland vor. Die Israeliten aber sperren alle Bergpässe und widerstehen in Betulia.

In der Morgarten-Geschichte fehlt eine tapfere Judith. Aber der Name des Assyrer-Anführers Holofernes (h/LP) hat einen deutlichen Anklang an Leopold.

Übrigens hießen sowohl der österreichische Anführer vor Morgarten wie vor Sempach gleich und werden mit dem gleichen Charakter beschrieben. Auch hier ein Beispiel, wie in der ursprünglichen Matrix der Geschichte Personen und Ereignisse häufig mehrmals verwendet wurden.

Die Erinnerungsstätte an die legendäre Schlacht von Morgarten war also zuerst eine Schlachtkapelle, absurd früh auf „1608" datiert.

Doch auch diese hat wie anderorts eine gebrochene Geschichte: Das ursprüngliche Gotteshaus soll irgendwann im 18. Jahrhundert schadhaft geworden sein. Eine neue Kapelle wurde gebaut, die noch heute steht.

Von den kanonischen Schweizer-Schlachten zwischen Morgarten und Marignano – nicht von ungefähr, sondern numerologisch in einem Zeitraum von exakt 200 Jahren angesetzt – kam das erste Ereignis spät zu einer Erinnerungsstätte.

Der Grund für die späte Entstehung des Morgarten-Denkmals lag in der politischen Geographie: Der Ägerisee gehört zum Kanton Zug; die Schwyzer Grenze beginnt erst etwa einen Kilometer südlich des Sees.

Die Frage einer Morgarten-Gedenkstätte wurde zu einem kleinlichen und aus ferner Warte betrachtet lächerlichen Streit zwischen zwei Kantonen.

Um 1900 mußten der Bundesrat und die Schweizerische Offiziersgesellschaft bemüht werden, ein Denkmal am Ägerisee zu realisieren.

Ein Wettbewerb von 1903 entschied sich für einen Entwurf von Robert Rittmeyer: ein aus Nagelfluhquadern gearbeiteter helmbedeckter und auf drei Seiten von hohen Rundbogen durchschossener Turm mit einem Kreuz auf der Helmspitze.

Das Morgarten-Denkmal am Ägerisee wurde erst 1908 eingeweiht, unter demonstrativem Fernbleiben des Kantons Schwyz an den Feierlichkeiten. – Und auch bei dem Jubiläum von 1915 feierten die beiden Kantone Zug und Schwyz getrennt, trotz der Kriegszeit.

Das Monument am Ägerisee wirkt eher als architektonisches Beispiel des deutschen Jugendstils, denn als Schlacht-Denkmal.

Die aussichtsreiche Morgarten-Gedenkstätte ist einen Besuch wert. Aber die Entstehung des Monuments widerlegt den Mythos von einer alteidgenössischen Eintracht.

Abbildung 29: Plurs - Piuro (Bergell, Italien): Der Campanile des Bergsturzes

Foto: Autor, 1977

Ein alpenländisches Vineta

Bekanntlich gehörte das Veltlin bis 1797 als bündnerisches Untertanengebiet indirekt zur Eidgenossenschaft. 1815 verblieb dieses Tal bei der Lombardei, also zuerst bei Österreich. Seit 1859 ist das Veltlin Teil des neu gegründeten Italiens.

Zwei italienischsprachige Südtäler sind allerdings bei Graubünden geblieben. Zuerst das Puschlav, das Tal südlich des Bernina-Passes.

Das Bergell hingegen, südlich des Maloja-Passes, wurde zweigeteilt. Der obere Teil bis Castasegna blieb bündnerisch, der untere Teil vor Chiavenna wurde italienisch.

Im „Dreißigjährigen Krieg" soll das Veltlin Schauplatz von Kämpfen zwischen den katholischen Untertanen, den Bündner Herren und den Mächten Spanien und Habsburg gewesen sein. – Aber diese sogenannten Bündner Wirren sind Teil der erfundenen Geschichte.

Und im unteren Teil des Bergells, heute einige Kilometer außerhalb der Landesgrenze, soll es in der frühen Neuzeit ein Städtchen namens Plurs, lateinisch *Plurium* gegeben haben. Dieses sei durch Seidenhandel und Abbau von Speckstein reich geworden.

Plurs hatte auch eine religiöse Bedeutung. Dort soll ein reformatorisches Streitgespräch stattgefunden haben.

Doch der Reichtum hätte bei den Bewohnern zu einem üppigen Lebenswandel und zuletzt zur Sittenverderbnis geführt.

Die Ungnade und der Zorn Gottes ließen nicht auf sich warten: „Am 4. September 1618" habe sich von dem südlich gelegenen Berg Conto eine gewaltige Felslawine gelöst. Große Fels- und Schuttmassen donnerten zu Tal und begruben das verdorbene Städtchen vollständig. Die Mera sei über jenem verschütteten Ort zeitweise zu einem See aufgestaut worden.

Im gleichen Jahr soll der „Dreißigjährige Krieg" ausgebrochen und am Himmel ein unglückseliger Komet erschienen sein.

Die Katastrophe von Plurs im Bergell hatte also ihre Vorzeichen.

Von Plurs blieb nichts mehr übrig. Einzig der Palazzo Vertemate und der Glockenturm der städtischen Kirche seien unbeschädigt geblieben.

Später habe man vom untergegangen Plurs die Kirchenglocken bergen können. Diese werden heute in benachbarten Glockentürmen gezeigt.

Die meisten alten Chroniken und geographischen Werke kennen Plurs. Es gibt auch Kupferstiche und Holzschnitte von jenem Städtchen - und zwar vor und nach dem Bergsturz.

Liest man die Geschichte vom untergegangenen Plurs denkt man unwillkürlich an das sagenhafte Vineta, angeblich vor Usedom in der Ostsee gelegen. Auch dieses Städtchen war reich, aber zuletzt hochmütig und sittenlos geworden. Also versank es im Meer. Doch noch heute höre man manchmal von der See her aus der Tiefe die Glocken läuten, als göttliche Mahnung, zum rechten Glauben zurückzukehren.

Und bekanntlich wurde auch das reiche, aber sündige Pompeji vom Berg Vesuv begraben.

Plurs ist also eine alpenländische Variante der Geschichte von Pompeji oder Vineta. Die Literatur darüber betont das seit langem.

Aber wo eine Geschichte, da auch ein Glaube, daß es jenen Ort im damals bündnerischen Veltlin gegeben habe.

Es gibt eine Gemeinde Piuro oberhalb von Chiavenna. Diese besteht aber aus verschiedenen kleinen Orten, darunter Prosto, Borgonovo und Sant'Abbondio.

Nach den alten Abbildungen soll Plurs ein Städtchen zu beiden Seiten des Flüßchens Mera gewesen sein. Schaut man die Bilder genauer an, so erkennt man viele Kirchen, ein paar Bürgerhäuser und einige merkwürdige, polygonale Paläste. - Diese Ansichten beruhen auf reiner Phantasie.

Sieht man sich die fragliche Gegend in der Gemeinde Piuro an, so hat man Mühe, einen möglichen Ort zu bestimmen, wo jenes sagenhafte Städtchen Plurs gestanden hätte.

Am ehesten könnte man sich die Gegend von Borgonovo vorstellen. Das Tal ist dort weit. Die Mera macht eine Biegung gegen Norden und rahmt so im Süden ein weites, offenes Feld dar, das vielleicht einen Schuttfächer darstellt.

Allerdings ist der Berghang gegen Süden nur flach ansteigend. Die Felsen beginnen erst weit oben. Wie kann sich an jenem weiten, bewaldeten Hang ein verheerender Felssturz gelöst haben?

Anfangs der 1960er Jahre hat man in jener fraglichen Gegend am linken Ufer der Mera Ausgrabungen gemacht. Doch über die Ergebnisse blieben die Verantwortlichen kleinlaut. Also hat man das verschüttete Plurs nicht gefunden.

Der Palazzo Vertemate, angeblich zum alten Städtchen gehörig, ist ein barocker Palast im oberen Teil des Ortes Prosto und kein Überbleibsel von Plurs.

Aber es gebe noch ein Überbleibsel des sagenhaften Städtchens, den schon erwähnten Kirchturm.

Bei dem verhängnisvollen Felssturz sei nämlich der Campanile von Plurs durch die Wucht des Ereignisses mitgerissen und auf die andere, also die rechte Talseite geschoben worden.

Westlich von Borgonovo und südwestlich von Sant'Abbondio sieht man aus dem Wald die Spitze eines Kirchturms ragen. Dieser steht einsam auf einer Felsplatte neben einem Wildbach, der sich von Norden in die Mera ergießt. Der Turm findet sich einige Dutzend Meter über dem Talboden, isoliert, also ohne Reste eines anliegenden Kirchenschiffs.

Vom Baustil her ist dieser Campanile typischer Barock, etwa dem letzten Fünftel des 18. Jahrhunderts zuzurechnen.

Das also soll ein Rest des alten Städtchens Plurs sein, beim Bergsturz mehrere hundert Meter mitgetragen und oben neben einem Bach unbeschädigt und aufrecht zum Stehen gekommen!

Vermutlich glaubt niemand mehr an das Märchen von dem Campanile von Plurs, der auf wundersame Weise erhalten geblieben ist.

Auch wurden nie alte Glocken aus dem Boden geborgen.

Doch unzweifelhaft ist der Kirchturm ein frühes Denkmal. Um die Legende von dem verschütteten reichen Städtchen glaubhaft zu machen, wurde an einsamer Stelle ein Turm errichtet und behauptet, er stamme aus viel früherer Zeit.

Übrigens wird der Campanile heute kaum mehr mit Plurs in Verbindung gebracht. Es heißt, dies sei ein alter Kirchturm von Sant'Abbondio.

Doch wer baut schon eine Kirche weit weg vom Ort an einem Wildbach?

Abbildung 30: Schaffhausen: Das Denkmal für Johannes von Müller

Foto: Autor, 13.6.2014

Eine Erinnerungsstätte, angefangen unter hohen Erwartungen, bei bescheidenem Ergebnis

Über die Bedeutung des Geschichtsschreibers Johannes von Müller aus Schaffhausen für die Entstehung des schweizerischen Geschichtsbewußtseins wurde bereits in der Einleitung hingewiesen. Nicht nur die eidgenössische Gründungsgeschichte, auch die schweizerische Denkmalkultur der letzten zwei Jahrhunderte wäre ohne ihn nicht zu verstehen.

Und so begeistert Müller seine historischen Geschichten schrieb, so enthusiastisch wurden seine Werke aufgenommen. Die Rückbesinnung auf die Geschichte wurde Allgemeingut, der Historismus des 19. Jahrhunderts grundgelegt.

Schaffhausen war seit dem Ende der Napoleonischen Zeit stolz auf seinen berühmten Sohn, den gefeierten Geschichts- und Geschichtenschreiber Johannes von Müller.

Und je mehr sich das patriotische und historische Bewußtsein entwickelte, desto mehr kam der Wunsch nach einem Denkmal für ihn auf.

In der Regenerationszeit begannen diese Absichten Gestalt anzunehmen: 1840 erschien in Schaffhausen eine gedruckte *Aufforderung zur Errichtung eines Denkmals für Johannes von Müller.*

Bis zur Errichtung der Erinnerungsstätte dauerte es allerdings noch zwölf Jahre. Die zuerst spärlich fließenden Spenden, dann die verschiedenen Vorstellungen für ein Denkmal verzögerten die Verwirklichung.

Den Zuschlag erhielt der Schaffhauser Johann Jakob Oechslin (1802 – 1873). Dieser erhielt seine Ausbildung in Rom bei Thorvaldsen und führte dessen spätklassizistischen Stil weiter.

An die Einweihung des Denkmals für Johannes von Müller 1852 knüpfte Schaffhausen große Erwartungen. Man hoffte, die Erinnerungsstätte würde auch den Fremdenverkehr für die Stadt fördern. Diese Hoffnungen erfüllten sich allerdings nicht.

Seit langem steht das Denkmal für den literarischen Erfinder der alten Schweizer Helden- und Schlachtengeschichte recht einsam auf der Promenade unweit des Kasinos, westlich oberhalb der Altstadt, von dieser durch die tief eingeschnittenen Eisenbahngeleise getrennt.

Das Müller-Monument in Schaffhausen besteht aus einem hohen, doppelten Piedestal, der auf zwei Stufen ruht. Zuoberst findet sich die Büste des Geschichtsschreibers. Unter ihr finden sich drei Bas-Reliefs auf einem rötlichfarbenen Hintergrund: die Muse der Geschichte, die Fama mit dem Lorbeerkranz auf einen glänzenden Stern hinweisend, schließlich der Tellenknabe vor dem eidgenössischen Wappenschild.

Unter dem Namen und den Lebensdaten des Geehrten findet sich der Spruch:

Nie war ich von einer Partei, sondern für Wahrheit und Recht, wo ich's erkannte.

Das Müller-Denkmal in Schaffhausen entspricht dem damaligen Zeitgeist und drückt in Wort und Bild den patriotischen und historisierenden Zeitgeist aus.

Der Tellenknabe auf einem Relief des Denkmals unterstreicht nochmals, daß Friedrich Schiller der erste Dichter war, welcher aus den Heldengeschichten von Johannes von Müller die Anregung für sein Schauspiel von Wilhelm Tell schöpfte.

Und die Muse Klio der Geschichtsschreibung kommt dem Geehrten sicher zu, obwohl man damit aus heutiger Sicht wenig glücklich ist: Johannes von Müller hat die literarische geschichtliche Vergangenheit geschaffen, ein Bild, das noch heute besteht und welches die wahren Ursprünge der Schweizer Schwurgeschichte vernebelt.

Der Anblick des Denkmals selbst weckt merkwürdige Gefühle. Der Aufbau mit den beiden Stufen, dem hohen Sockel, dem doppelten Piedestal, dem schließlich eine Büste aufgesetzt ist, verrät eine Kluft zwischen Absicht und Ergebnis: Man schuf eine konventionelle Stele, mit Stufen, Basis, zwei übereinander gestellten Sockeln und dem Bildnis, ohne offenbar ein klares Konzept gehabt zu haben.

Am Schluß entstand ein ordentliches Denkmal, aber nichts Außerordentliches. Das Porträt des Geehrten wirkt von der Höhe herab wie entrückt. Man meint, er schaue irgendwo zwischen Erde und Himmel in die Welt hinaus.

1967 hat Karl Schib aus Schaffhausen dem Historiographen Johannes von Müller eine umfassende Monographie gewidmet. Aber seitdem haben sich die historischen Interessen verschoben. Der Geehrte ist an den Rand der Betrachtung gerückt.

Das Denkmal für Johannes von Müller wird bleiben, steht es doch in einer schönen Parkanlage. Aber Schaffhausen und die Schweiz haben sich seinem früher verehrten Sohn sehr entfremdet.

Abbildung 31: Schwyz: Das Denkmal für die Wehrbereitschaft

Foto: Autor, 22.6.2014

Ein noch nicht demobilisierter Wehrmann

Im Sommer 1939 – noch vor Kriegsausbruch – wurde in Zürich die Schweizerische Landesausstellung – die legendäre Landi eröffnet. Darin bekam die Armee einen eigenen Pavillon. Und Symbol dieser Präsenz war die Statue *Wehrbereitschaft*, geschaffen von dem Zürcher Bildhauer Hans Brandenberger (1912 – 2003). Die Plastik wurde durch Spenden der Auslandschweizer finanziert.

Die vier Tonnen schwere Bronze-Statue wurde nach dem Schluß der Ausstellung vom Künstler nochmals bearbeitet und 1941 an seinem heutigen Ort, im Garten des Bundesbriefarchivs – heute Bundesbriefmuseum genannt - in Schwyz aufgestellt.

Der künstlerische Wert dieser Monumental-Plastik ist heute mehr als zweifelhaft. Der „sozialistische Realismus" scheint durch.

Brandenberger konnte auch für Zürich eine ähnliche Statue fertigen. Diese ist heute an der Rämistrasse aufgestellt.

Bei der Statue *Wehrbereitschaft* sind die Umstände zu berücksichtigen; Seit der Mitte der 1930er Jahre verdunkelte sich der politische Himmel über Europa. Die Weltwirtschaftskrise war nur scheinbar überwunden. Die Aggressivität des nationalsozialistischen Deutschen Reiches wurde immer offenkundiger. Der Spanische Bürgerkrieg zeigte, daß der Krieg nach Europa zurückgekehrt war - weniger als zwanzig Jahre nach dem Ende des Ersten Weltkriegs.

Die Schweiz als Kleinstaat mitten in Europa und ohne Zugang zum Meer spürte den politischen Druck besonders. Eine patriotische Rückbesinnung machte sich breit. Der Wille zur militärischen Verteidigung der Unabhängigkeit wurde ideologisch durch den verstärkten Rückgriff auf die mythische Gründungsgeschichte der Eidgenossenschaft unterlegt. Die sogenannte geistige Landesverteidigung vereinnahmte auch die Vergangenheit: Das Rütli, der Bundesbrief, Wilhelm Tell und andere historische Versatzstücke bekamen als „Gebrauchsgeschichte" eine außerordentliche Wertschätzung.

Das schweizerische Militär erhielt durch den Zweiten Weltkrieg seinen höchsten Stellenwert. Die außenpolitische Doktrin der Schweiz hieß nach 1945 bis anfangs der 1990er Jahre bewaffnete Neutralität: Das Land hält mit allen Staaten, die guten Willens sind, freundschaftliche Beziehungen. Es ist aber jederzeit bereit, sich militärisch gegen einen Angreifer zu verteidigen.

Kritik an der Armee war um diese Zeit in der Schweiz gleichbedeutend mit Hochverrat. Ständig wurde die Meinung kolportiert, daß die Schweiz nur deshalb nicht von den Achsenmächten angegriffen wurde, weil sie ein großes Heer hatte und das Land mit Panzersperren und Bunkern befestigt war.

Doch es war letztlich eine geschickte Diplomatie, welche die Schweiz davor bewahrte, in den Krieg hineingezogen zu werden.

Das Denkmal für die Wehrbereitschaft in Schwyz steht im Garten des Bundesbriefmuseums. Dieses wurde 1936 errichtet, mit dem einzigen Zweck, die Schweizer Nationalreliquie, den Bundesbrief von angeblich 1291 und einige andere „mittelalterliche" Urkunden auszustellen.

Jenes Archiv in Schwyz, heute wie gesagt Museum genannt, war während Jahrzehnten ein beliebtes Reiseziel für Schulklassen. – Was haben die Schüler wohl dabei gedacht oder empfunden?

Des Autors Forschungen über die mythische Gründungsgeschichte der Eidgenossenschaft haben ergeben, daß der Schwurbund der Schwyzer nicht in der heutigen Urschweiz rund um den Vierwaldstättersee entstanden ist – und selbstverständlich nicht „vor 700 Jahren".

Und der besagte Bundesbrief von „1291" ist Jahre nach den ersten Erzählungen über die Gründung der Eidgenossenschaft entstanden. Zudem hat man dieses Dokument in Basel „gefunden" – angeblich 1760, nach Meinung des Autors aber frühestens 1790.

Das Museum für den Bundesbrief in Schwyz steht für die kultische Verehrung, welche Urkunden bisher genossen. Bei diesen Dokumenten aus Papier und Pergament, mit Siegeln behangen, hört bei konventionellen Geschichtsforschern jegliche kritische Überlegung auf.

Das Bundesbriefmuseum dünkt den Autor eine Art Kenotaph, also ein leeres Grabmal, eine Erinnerungsstätte, die vielleicht einem Spezialisten einige Hinweise gibt, ansonsten quer in der politischen Landschaft der Gegenwart steht.

Ähnlich fremdartig wirkt der wehrbereite Soldat im Garten neben dem erwähnten Gebäude.

Bei seiner endgültigen Aufstellung in Schwyz kam der Wehrmann auf einen Sockel zu stehen, der auf seinen vier Seiten den wichtigsten Inhalt des Bundesbriefs von 1291, in allen vier Landessprachen, also deutsch, französisch, italienisch und rätoromanisch eingemeißelt. - Letztere Sprache wurde übrigens erst 1938, zur Abwehr der italienischen Irredenta-Ansprüche auf Graubünden, als vierte Nationalsprache anerkannt.

Wenn schon in vier Sprachen, so hätte man auch eine lateinische und vor allem eine englische Zusammenfassung verfassen können.

Für die Einweihung des Denkmals anläßlich der Bundesfeier von 1941 wurde sogar ein gesamtschweizerischer Stafetten-Lauf veranstaltet: Von Schwyz aus brachte eine Kette von Läufern Kopien jenes Bundesbriefs in alle Kantonshauptstädte!

Das Denkmal für die Wehrbereitschaft im Garten des Schwyzer Landesbriefmuseums wirkt heroisch: ein muskulöser Soldat, mit gespreizten Beinen, mit Hose, Gamaschen und Nagelschuhen, in selbstbewußter Pose, mit nacktem, herausgestelltem Oberkörper und erhobenen Kinns dreinblickend, dabei seinen Waffenrock anziehend. Vor seinen Füssen liegt, ordentlich ausgerichtet, ein Stahlhelm.

Ein Detail ist dem Autor erst beim letzten Besuch aufgefallen: Das Porträt des Soldaten ähnelt verblüffend jenem des Kaisers Augustus. – Man möchte meinen, daß dies Absicht war.

Am heutigen Aufstellungsort, der durch Bäume, Mauern und Gebäude vom Ort und der Hauptstraße abgeschirmt ist, stört der pathetische, bronzene und schon achtzigjährige Soldat kaum.

Man könnte beim Anblick der Statue von Schwyz höchstens einwenden: Wer erbarmt sich dieses noch nicht demobilisierten Wehrmanns?

**Abbildung 32: Stans NW: Das Denkmal für Arnold von Winkel-
ried**

Foto: Autor, 7.2002

Der alteidgenössische Heiland

Neben Wilhelm Tell ist Arnold von Winkelried eine im allgemeinen schweizerischen Bewußtsein fest verankerte alteidgenössische Heldengestalt. Eine Winkelried-Tat steht gleichbedeutend mit persönlicher Aufopferung für einen guten Zweck.

Und vollbracht habe Winkelried sein Opfer in der Schlacht von Sempach „1386" – einem Kampf, der ähnlich gestrickt ist wie die von Laupen oder Murten:

Herzog Leopold – schon vor Morgarten hieß der österreichische Anführer so – sei mit großem Heer gegen Luzern gezogen. Zuerst wollte er das Städtchen Sempach am gleichnamigen See belagern. Doch ein Luzerner Aufgebot, verstärkt durch Zuzug aus den Urkantonen, sei dem überlegenen Heer der Habsburger auf der Anhöhe bei Hildisrieden entgegengetreten. Der Kampf verlief für die Eidgenossen zuerst ungünstig, die Front drohte einzubrechen. Da sei ein wackerer Streiter aus Unterwalden, Arnold von Winkelried genannt, hervorgetreten und habe ein Bündel Langspeere der Feinde umfaßt und an seine Brust gedrückt. Sterbend habe er seinen Mitstreitern zugerufen: Sorget für mein Weib und meine Kinder!

Durch die Bresche, welche der Held aus der Innerschweiz in die geschlossene Phalanx des Feindes geschlagen habe, hätten die Eidgenossen eindringen und die Habsburger besiegen können.

Winkelried und seine Tat werden gemeinhin mit der Schlacht von Sempach verbunden. Das aber ist nicht richtig: Ein gleichnamiger Held kämpfte auch in der für die Eidgenossen ungünstig verlaufenden Schlacht von Marignano „1515" – und auch wieder in der bedeutenden Schlacht bei Bicocca „1522" – beides Orte in der Umgebung von Mailand.

Beiläufig sei festgehalten: Es gibt auf der lombardischen Landkarte weder einen Ort Marignano = Maria-Ort noch Bicocca = elende Hütte!

Winkelried war offenbar ein zähes und langlebiges Heldengeschlecht. – In *Die alten Eidgenossen* hat der Autor ihn mit dem Helden Elfego Baca aus dem amerikanischen Wilden Westen verglichen: Der Mann wurde neunmal angeschossen und überlebte jedesmal!

Aber um zu Winkelried zurückzukehren: Nur wenige wissen, daß Winkelried gleich wie Tell der fingierten Berner Befreiungsgeschichte entlehnt ist.

Im Jahre des Herrn „1241" soll Bern im Krieg gegen die Kyburger und Habsburger gestanden haben. Es kam an einem ungenannten Ort zu einer Schlacht, die zuerst unentschieden verlief. Da soll einer der Anführer nach einem beherzten und treuen Kämpfer gefragt haben. Ein Arnold von Winkelried meldete sich, ging auf die feindliche Kolonne zu, umarmte eine Anzahl Speere und öffnete sterbend den Seinen eine Gasse, durch die sie eindringen konnten.

Die Geschichte ist identisch mit jener von Sempach. Aber in der Berner Version soll der Winkelried von damals für die Habsburger, also gegen die Berner gekämpft haben!

Erfundene Geschichte ist bewußt widersprüchlich und wiederholend gearbeitet. Also soll man sich nicht an einem Winkelried aufhalten, der mehrmals gelebt hat und einmal sogar gegen Bern oder die Eidgenossen kämpfte.

Ab Mitte des 19. Jahrhunderts erlebte der Winkelried-Kult im Gefolge der Gründung des Bundesstaates und des Historismus eine Blütezeit. Bücher wurden geschrieben und kitschige Lieder entstanden. Unappetitliche Gemälde wie jenes von Karl Grob wurden geschaffen.

Also reifte bald auch die Idee eines Monuments für den legendären Schlachtenhelden.

Das Winkelried-Denkmal sollte in Stans, dem Hauptort von Nidwalden zu stehen kommen, dort wo der Held angeblich herstammte.

1865 war es soweit. Mit einem Festakt, bei dem der Schweizerische Bundesrat in corpore vertreten war, wurde das Winkelried-Denkmal in Stans eingeweiht.

Geschaffen hat dieses imposante Denkmal der Basler Bildhauer Lukas Ferdinand Schlöth in Rom aus einem einzigen Block aus weißem Carrara-Marmor.

Die Komposition der Figurengruppe von Stans ist eindrucksvoll: eine Trinität aus einem toten Krieger; dem sterbenden Winkelried, der einen Arm voll feindlicher Speere umfaßt hält, und einem Streiter mit einem Morgenstern, welcher in die von dem Helden geschlagene Gasse drein haut.

Obwohl dem Historismus der Zeit verhaftet, drückt das Winkelried-Denkmal in Stans am besten den religiösen Gehalt der Geschichtslegende aus: ein Held, der den Märtyrertod durch einen spitzen Gegenstand erleidet, also ein Jesus. – Auch Julius Caesar, die Parallelgestalt zu Jesus, wurde bekanntlich durch Dolchstiche getötet.

Arnold von Winkelried ist der Heiland der Waldstätte und damit der ganzen Eidgenossenschaft. Sein Opfertod sicherte dem jungen Schwurbund die Freiheit von fremden Vögten und Herrschern.

Der Bildhauer Schlöth schuf in seiner Heimatstadt Basel sieben Jahre später auch das Sankt Jakobs-Denkmal.

Mit beiden Monumenten setzte Schlöth *neue Maßstäbe in der Kategorie des politischen Denkmals. Sie sind Ausdruck des jungen Bundesstaates, eine Antwort auf das Bedürfnis nach einer künstlerisch reflektierten Staatsmythologie* (Hartmann/Finck, 147).

Der erwähnte Bildhauer hatte einen ebenso einflußreichen Schüler: Richard Kissling, der Schöpfer des Alfred Escher- Denkmals in Zürich und der Tell-Figurengruppe in Altdorf.

Winkelried wird zwar allgemein mit der Schlacht von Sempach verbunden. Da ist es verwunderlich, daß sich dort kein besonderes Denkmal findet – außer einem nüchternen Gedenkstein.

Im Gegensatz zu vielen anderen Denkmälern genießt die Winkelried-Gedenkstätte in Stans auch heute noch Aufmerksamkeit und bildet eine lokale touristische Attraktion.

Bei aller Würdigung soll nicht vergessen werden: Das Stanser Winkelried-Denkmal stellt eine bildliche Verherrlichung des Heldentods dar. Das letzte Drittel des 19. Jahrhunderts wird die Glorifizierung des Krieges und des kriegerischen Opfers bis zum Unerträglichen steigern. Die Denkmäler für St. Jakob in Basel, für Zwingli in Zürich, für Adrian von Bubenberg in Bern und für Benedikt Fontana in Chur stehen als herausragende Beispiele für diese unselige Tendenz des damaligen Zeitgeistes.

Abbildung 33: Zürich: Das Denkmal für Hans Waldmann

Foto: Autor, 11.6.2014

Mehr ein städtischer Bilderschmuck denn ein Denkmal

Die legendäre Figur des Zürcher Bürgermeisters Hans Waldmann ist nicht leicht zu analysieren. Man muß mehrere Aspekte und Personen der erfundenen Geschichte einbeziehen. Vor allem ist zu wissen, daß die gesamte alte Geschichte religiös gefärbt ist und grundsätzlich Glaubensgeschichte darstellt.

Hans Waldmann wird zuerst als Krieger und Heerführer geschildert. In den Burgunderkriegen hatte er an allen drei Schlachten - Grandson, Murten und Nancy (Neuss) Anteil. Vor Murten soll er der Anführer der Eidgenossen gewesen sein – neben Hans von Hallwyl.

Aus einfachen Verhältnissen stammend, von Beruf Handwerker, wird Hans Waldmann bald eine tragende Figur in der Politik der Stadt Zürich. Er strebt die Beschränkung der Macht der Patrizier, der Constaffel, zugunsten der Zünfte an. – Selbst soll er Oberhaupt der Zunft zum Kämbel (Kamel) gewesen sein.

Seit „1483" soll er abwechselnd mit einem anderen Magistrat Bürgermeister von Zürich gewesen sein. – Man erinnert sich, daß schon im alten Rom sich jeweils zwei Konsuln abwechselten.

Außenpolitisch soll Waldmann mehr für das Römische Reich denn für Frankreich eingetreten sein.

Als Waldmann hat er fünf Tannen im Wappen. Und die Waldleute sind immer religiöse Erneuerer. Hans Waldmann wirkt folglich in Zürich gleichsam als Reformator vor der Reformation: Er gebietet der Verschwendung des Klerus Einhalt und erläßt Sittenmandate. Gleichzeitig stiftet er reichlich für seine gereinigte Kirche.

Aber Waldmann hatte Neider. Die von ihm benachteiligten Patrizier mögen ihn nicht. Als Waldmann gar befiehlt, man solle die wildernden Hunde der Bauern erschlagen, bringt er die Landbevölkerung gegen sich auf. Hans Waldmann wird verhaftet und enthauptet. Auch seine Anhänger werden verdrängt oder hingerichtet.

Hans Waldmann gehört in die Reihe von städtischen Märtyrern, die sich für die eidgenössische Idee opferten und den Weg für die Erneuerung des Glaubens freimachten. Als solcher ist er nicht der Einzige: In Freiburg versuchte es „1511" François Arsent, in Genf „1519" Philibert Berthélier. - Auch diese städtischen Anführer wurden enthauptet.

Doch schon „im 14. Jahrhundert" gab es in einigen Orten der Eidge-nossenschaften ähnliche Figuren.

In Bern verdrängte ein Johann von Balm den aristokratisch gesinn-ten Bubenberg.

In Uri soll ein gewisser Werner von Attinghausen mit ganzer Macht die Talschaft regiert haben.

Doch vor allem ist es wieder in Zürich die Figur eines Rudolf Brun „um 1360", der wie eine Präfiguration von Hans Waldmann er-scheint: Wie dieser, so ändert auch Brun die Verfassung und regiert mit diktatorischer Fülle, bis er gestürzt wird.

Hans Waldmann wird von der Geschichtserfindung als verdienstvolle Verlierergestalt geschildert. Damit hat er Anklänge an die zeitgenös-sisch gesetzte tragische Figur des Adrian von Bubenberg.

Waldmann hat auch Anklänge an die allgemeine Geschichte: Im re-publikanischen Rom sind es die beiden Gracchen (Griechen), im mit-telalterlichen Rom Cola Rienzi.

Allen diesen Helden ist gemeinsam, daß sie politische und religiöse Reformen durchsetzen wollten, aber gegen die konservativen Patri-zier, die Vertreter des alten Glaubens unterlagen.

Die Geschichtserfindung ließ Hans Waldmann durch die Stadt, die er eben noch regierte, hinrichten. Offenbar schien das später vielen als zu strenge und vor allem unverständliche Strafe.

Die Idee eines Denkmals für den legendären Zürcher Bürgermeister kam bereits zu Ende des 19. Jahrhunderts auf. Und schon damals wünschte man sich ein Reiterstandbild.

Doch erst in der Zwischenkriegszeit konkretisierte sich ein Hans Waldmann-Denkmal. Der Anstoß kam aber nicht von offizieller Seite, sondern von einer der traditionellen Zunft-Gesellschaften Zürichs, der bereits genannten Zunft zum Kämbel – welcher der legendäre Waldmann angehört haben soll. Diese Korporation war an der Wie-derherstellung der Ehre ihres mythischen Mitglieds interessiert.

Die Aufstellung des Waldmann-Denkmals führte in Zürich zu Kontro-versen. Viele wünschten sich ein traditionelleres, pompöseres Mo-nument im Stil des Historismus. Aber da die Zunft das Reiterstand-bild finanzierte, verstummte die Kritik.

1937 wurde in Zürich das Denkmal für Hans Waldmann mit dem üb-lichen offiziellen Pomp enthüllt. Geschaffen wurde es vom Künstler

Hermann Haller (1880 – 1950). Das Reiterstandbild aus Bronze auf einem hohen, rechteckigen Sockel wurde an der Münsterbrücke vor der Fraumünsterkirche aufgestellt. – Im Innern des erwähnten Gotteshauses findet sich seit langem in eine Mauer eingelassen die angebliche Grabplatte des unglücklichen Bürgermeisters.

Die Figur von Waldmann zeigt in ihrer unprätentiösen Schlichtheit den Einfluß des Jugendstils und wirkt überraschend modern. Der Reiter auf einem scheuenden Ross, das den linken vorderen Huf gehoben hat, trägt einen Helm und eine schwach erkennbare Rüstung mit Sporen. In seiner Rechten hält der Held eine Handwerker-Axt. Waldmann sollte mehr als Bürger und Handwerker dargestellt werden, denn als Krieger.

Vielleicht deswegen, weil Waldmann zwar hoch zu Ross, aber mehr als Handwerker, denn als Heerführer dargestellt war, bekam das Denkmal auch die Zustimmung der damals in der Stadt Zürich herrschenden Sozialdemokratie.

Die Waldmann-Figur steht in einem vollkommenen Gegensatz steht zu den früher üblichen pathetischen und pompösen Figuren. Unmittelbar gegenüber, auf der anderen Seite der Limmat, findet sich hinter dem Chor der Wasserkirche das düstere Standbild von Zwingli - heute kaum mehr genießbar.

Mit der modern wirkenden Waldmann-Figur begann der Stern des Denkmal-Kults zu sinken – verzögert nur noch durch den Zweiten Weltkrieg und die unmittelbare Nachkriegszeit.

Im Grunde stellt die Reiterfigur von Hans Waldmann vor der Fraumünsterkirche in Zürich mehr einen städtischen Bilderschmuck dar, denn ein historisches Denkmal.

Abbildung 34: Zürich: Das Zwingli-Denkmal

Foto: Autor, 11.6.2014

Ein dräuender Kriegerfürst im Halbdunkel

Zwingli gehört neben Luther und Calvin zu den großen Reformatoren des Glaubens. Und sein Name ist untrennbar mit Zürich verbunden.

Aber wie bei allen Figuren der alten Geschichte darf man ihren Lebensgeschichten nicht zu nahetreten und sie nicht analysieren. Die Absurdität wird sonst offenkundig.

Huldrych Zwingli, mit den angeblichen Lebensdaten 1484 – 1531, soll in Wildhaus im oberen Toggenburg geboren sein. Der Ort hieß aber ursprünglich Waldhaus. Hier schon erkennt man einen Zusammenhang: Damals herrschte in Zürich der politische und religiöse Reformator Hans WALD-Mann. Der spätere Geistliche aus WALD-Haus wird in jener Stadt der Reformation des Glaubens zu ihrem Sieg verhelfen.

Und ausdrücklich nennen die ältesten Aufzeichnungen Zwingli den Prediger aus dem Finstern Wald – eben aus dem waldreichen Toggenburg.

Man erinnert sich auch, daß Zürich Jahrzehnte vorher einen langwierigen Krieg um das Toggenburger Erbe geführt habe. Man wußte also, daß von dort einmal eine große religiöse Gestalt kommen werde.

Trotz seiner bescheidenen und ländlichen Herkunft soll Zwingli an den besten Universitäten studiert haben, unter anderem in Wien. Danach sei er während zehn Jahren Seelsorger in Glarus gewesen.

Zwingli war wie Waldmann sehr streitbar. Als Pfarrer soll er bei den Schlachten von Novara und Marignano mitgekämpft haben. Erst als er Leutpriester in Zürich geworden war, legte er das Schwert vorläufig beiseite.

Im Jesus-Alter von 33 Jahren begann Zwingli in Zürich für den neuen Glauben zu wirken. Seine Predigttätigkeit im Sinne des Apostels Paulus und des Evangeliums war offenbar so erfolgreich, daß die Stadt bereits „1524" die Reformation einführte – vier Jahre vor Bern und eine ganze Generation vor Genf.

Diese Behauptung steht im Widerspruch zu den ältesten Chroniken. Die sagen ausdrücklich, die Reformation sei in allen drei Städten gleichzeitig vollzogen worden.

Trotz seines erfolgreichen Wirkens hatte Zwingli auch Neider. Und die Zürcher zeigten wenig Lust, für den neuen Glauben auch zu kämpfen.

Zwingli will gegen die Waldstätte ziehen, die beim alten Glauben verharren. Vor Kappel kommt es zum Konflikt. „1529" konnte man sich noch gütlich einigen; zwei Jahre später, „1531", verloren die Zürcher am selben Ort eine Schlacht. Auch Zwingli fiel, man weiß nicht einmal wie. Seine Leiche sei erst ein paar Tage später gefunden worden.

Zwingli ist zuerst ein protestantischer Kirchenvater. Seine Biographie folgt derjenigen des großen geistlichen Reformators Basilius von Caesarea, auch Basilius der Große genannt: Beide werden am 1. Januar geboren und beide erreichen ein ungefähr gleiches Alter. Ferner werden sowohl Basilius wie Zwingli verurteilt – letzterer nach der Badener Disputation – können aber weiterleben.

Mit Basilius dem Großen ist Zwingli auch eine Parallelität zu Jesus. Denn auch letzterer griff zeitweise zum Schwert.

Und wie Calvin, so hatte Zwingli einen ebenso fähigen Nachfolger in der Person von Heinrich Bullinger. Dieser war ebenfalls eine Begabung der Extraklasse: Er wurde schon mit 18 (!) Jahren Professor für neutestamentliche Exegese im Kloster Kappel. Und neben einer Menge Schriften und Chroniken habe Bullinger im Laufe seines langen Lebens rund 12'000 (!) Briefe mit Korrespondenten in ganz Europa geführt.

Im Zuge der allgemeinen Denkmal-Manie ab der zweiten Hälfte des 19. Jahrhunderts mußte deshalb in Zürich bald der Wunsch nach einer Erinnerungsstätte für den Reformator der Stadt aufkommen.

Wie in anderen Städten, etwa Genf, konnte man sich auch fragen, weshalb die großen städtischen Reformatoren so lange auf ein Monument warten mußten, beziehungsweise, weshalb die Städte so lange zögerten.

Das 1885 mit großem Pomp eingeweihte Denkmal stammt von dem Österreicher Heinrich Natter (1844 – 1892), der unter anderem auch das Standbild von Andreas Hofer am Berg Isel bei Innsbruck schuf.

Das Zwingli-Denkmal hinter der Wasserkirche in Zürich wirkt auf den Besucher wenig erheiternd – um das mindeste zu sagen: Der Glaubensheld steht auf einem Sockel aus schwarzem Marmor – man möchte meinen einem monumentalen Grabstein.

Zwingli wird in einem geistlichen Talar abgebildet, in der linken Hand den Griff eines aufgestellten Langschwerts haltend, mit der rechten eine Bibel im Arm eingeklemmt. Als solcher wendet der Reformator seinen Blick leicht nach oben. Aber seine Augen erkennt man nicht immer: Der breite Rand seiner Mützen wirft bei Sonnenlicht einen Schatten auf seine obere Gesichtshälfte.

Der Kriegerfürst Zwingli macht einen dräuenden Eindruck. Dieser wird verstärkt durch eine große Konifere, die das Denkmal gegen die Limmat, damit gegen die Sonne abschirmt.

Der Limmatquai ist heute eine verkehrsreiche Hauptstraße. Das Zwingli-Denkmal wirkt wie eingeklemmt und verloren zwischen Straße, Kirche und Fluß.

Bei der Einweihung des Denkmals 1885 bekam die Denkmal-Figur gemäß dem Zeitgeist einen kriegerischen, einen militaristischen Ausdruck. Man war sicher, daß es wieder Krieg geben würde. Doch im Deutschen Kaiserreich unter Bismarck, aber auch sonstwo in Europa, wollte man einen Weltenbrand nicht fürchten.

Von der geistigen, religiösen Seite der Reformation ist im Zwingli-Standbild in Zürich nichts mehr zu spüren.

Mit Zwingli, seiner Reformation und seinem Denkmal ist heute in der Stadt Zürich kein Staat mehr zu machen.

1941 meinte das Zürcher Staatskirchentum auch Zwinglis Nachfolger Heinrich Bullinger gedenken zu müssen. An der Nordwand des Großmünsters wurde eine Halbstatue in die Wand gelassen.

Die Figur von Bullinger wird wenig beachtet, man muß von ihr schon wissen. Aber sie ist wie viele andere ein Mahnmal eines entfesselten Denkmal-Kults.

Calvin, der andere große Reformator in der Schweiz, bekam erst rund dreißig Jahre nach Zwingli ein Denkmal. Aber der unselige düster-dräuende Charakter der Figuren ist der gleiche.

Literatur

Arnold Winkelried. Sein Denkmal in Stans (1986); Stans

Gunten, Fritz von (2010): *Denk mal – ein Denkmal.* Eine Entdeckungstour zu über 170 Denkmälern und 150 Museen und Kulturstätten im Kanton Bern; Huttwil

Hartmann, Stefan/Finck, Heinz Dieter (2002): *Helden, Pioniere und Heilige der Schweiz in Stein und Bronze verewigt*; Zürich

Iten, Karl (1995): *„Aber den rechten Wilhelm haben wir ...".* Die Geschichte des Altdorfer Telldenkmals; Altdorf

Kreis, Georg (2008): *Zeitzeichen für die Ewigkeit.* 300 Jahre schweizerische Denkmaltopographie; Zürich

Meles, Brigitte (2012): *Das St. Jakobs-Denkmal in Basel*; Bern

Soldatendenkmäler (1953); Hrg. von E. Leu; Belp

Tschumi-Häfliger, Trudy (1982): *Reformatoren-Denkmäler in der Schweiz.* Historische Hintergründe und Anlässe ihrer Entstehung; Basel

Wälchli, Karl F. (1987): *Bernische Denkmäler.* Ehrenmale in der Gemeinde Bern und ihre Geschichte; Bern und Stuttgart

Die Werke des Autors

Beiträge zur Freiburger Historiographie des 18. und 19. Jahrhunderts
Guillimann – Alt – Berchtold – Daguet
112 Seiten mit 5 Abbildungen
Norderstedt 2019
ISBN 9783748120292
(Historisch-philologische Werke 6)

Burgen rund um Bern
Eine Auswahl mit Plänen, Bildern, Beschreibungen und einer Einführung in die Burgenkunde. Nebst einigen weiteren Objekten in der Westschweiz.
368 Seiten mit 100 Abbildungen
Norderstedt 2022
ISBN 9783752666915
(Historisch-philologische Werke 9)

Die alten Eidgenossen
Die Entstehung der Schwyzer Eidgenossenschaft im Lichte der Geschichtskritik und die Rolle Berns.
360 Seiten mit 24 Abbildungen und 7 Tabellen
Norderstedt 2021
ISBN 9783749428625
(Historisch-philologische Werke 2)

Die Entstehung der Jahrzahl 1291
Beiträge zur Schweizer Historiographie: Stumpf – Schweizer - Daguet et al.
136 Seiten mit 4 Abbildungen und 9 Tabellen
Norderstedt 2019
ISBN 9783734786730
(Historisch-philologische Werke 7)

Die Matrix der alten Geschichte
Eine Einführung in die Geschichts- und Chronologiekritik.
536 Seiten mit 35 Abbildungen und 18 Tabellen
Norderstedt 2021
ISBN 9782732289813
(Historisch-philologische Werke 1)

Die Ortsnamen der Schweiz
Mit einer Einführung in die vesuvianische Namensprägung Europas.
324 Seiten mit 8 Abbildungen
Norderstedt 2021
ISBN 9783749446087
(Historisch-philologische Werke 4)

Die Ursprünge Berns
Eine historische Heimatkunde Berns und des Bernbiets. Mit besonderer Berücksichtigung der Burgen und mit einem autobiographischen Anhang.
376 Seiten mit 104 Abbildungen und 2 Tabellen
Norderstedt 2020
ISBN 9783749429035
(Historisch-philologische Werke 3)

Johann Rudolf Wyss der Jüngere
Der Abend zu Geristein** und **Der Ritter von Ägerten
Zwei Dichtungen, neu herausgegeben, eingeleitet und illustriert von Christoph Pfister. Im Anhang: Die Sage von der Teufelsküche im Grauholz.
60 Seiten mit 13 Abbildungen
Norderstedt 2019
ISBN 9783752666915
(Historisch-philologische Werke 5)

Abbildung 35: Die wehrhafte Schweiz zwischen 1940 und 1990

oben: Karikatur von Martial Leiter, 1979, aus: *Dessins de presse*; Yverdon 1980

unten: Panzersperre bei Löwenberg-Muntelier FR. Foto: Autor, 22.8.2013